1. Teil: Herausgabeansprüche

A. Einleitung und Überblick

Ansprüche auf Herausgabe finden sich an verschiedensten Stellen des BGB. Sie können sich aus Vertrag oder vertragsähnlichen Schuldverhältnissen, aus Sachenrecht, Bereicherungsrecht oder Deliktsrecht sowie aus dem Familien- und Erbrecht ergeben.

Gegenstand der Herausgabe (vgl. § 292) können nicht nur (bewegliche und unbewegliche) Sachen, also körperliche Gegenstände (§ 90), sein, sondern **auch unkörperliche Gegenstände** (Forderungen, Immaterialgüterrechte und sonstige Vermögensrechte). Daneben kann auch jedes „Etwas" i.S.v. § 812 Abs. 1 und damit jeder Vermögensvorteil im weitesten Sinne Gegenstand der Herausgabe sein. Dies betrifft Rechte jeder Art, gleichgültig ob dingliche (z.B. Eigentum, Pfandrecht, Hypothek, Nießbrauch) oder obligatorische, und sonstige vorteilhafte Rechtsstellungen (z.B. Besitz, Buchpositionen) sowie erlangte Nutzungen von Gegenständen oder Dienstleistungen.

Der **Begriff der Herausgabe** kann unterschiedliche Bedeutung haben. Der Inhalt des Herausgabeanspruchs hängt davon ab, was genau herauszugeben ist. Begehrt etwa der Eigentümer einer Sache deren Herausgabe vom Besitzer (Vindikation gemäß § 985), meint Herausgabe nur die Übertragung des unmittelbaren oder mittelbaren Besitzes. Gehört die Sache hingegen dem Herausgabeschuldner, ist unter der Herausgabe zudem die Übereignung der Sache zu verstehen (so etwa gemäß § 812 Abs. 1 S. 1 Alt. 1 bei Anfechtung nur des Verpflichtungsgeschäfts). Bei Forderungen geschieht die Herausgabe durch Abtretung (§ 398), bei Buchpositionen durch die Einwilligung in die Grundbuchberichtigung (vgl. § 19 GBO). Die **Nutzungen** bilden einen **Sonderfall**. Bei ihnen ist die „Herausgabe" im wörtlichen Sinne nicht möglich und wird durch die Verpflichtung des Herausgabeschuldners zur Zahlung von Wertersatz ersetzt (vgl. § 818 Abs. 1 und 2).

Eine Übersicht über die nachstehend näher behandelten klausurrelevantesten Herausgabeansprüche gibt folgendes **Prüfungsschema:**

> **I. Vertragliche Ansprüche**
>
> 1. Rückgabe nach Vertragsbeendigung
> 2. Rückabwicklung des Vertrages infolge Rücktritts oder Widerrufs
> 3. Herausgabe des Ersatzes (§ 285)
> 4. Herausgabe als Naturalrestitution (§ 280 Abs. 1 i.V.m. § 249 Abs. 1)
>
> **II. Vertragsähnliche Ansprüche**
>
> 1. Anspruch aus vorvertraglicher Pflichtverletzung (c.i.c.)
> 2. Ansprüche aus GoA (§§ 677 ff.)
>
> **III. Sachenrechtliche Ansprüche**
>
> 1. Anspruch aus dinglichem Recht (§ 985)
> 2. Ansprüche aus früherem Besitz (§§ 861 Abs. 1, 1007 Abs. 1 und 2)
> 3. Ansprüche auf Nutzungsherausgabe bzw. -ersatz aus §§ 987 ff.
>
> **IV. Deliktische Ansprüche**
>
> Ansprüche aus §§ 823 ff. i.V.m. § 249 Abs. 1
>
> **V. Bereicherungsrechtliche Ansprüche**
>
> Ansprüche aus §§ 812 ff.

Paragraphen ohne nähere Bezeichnung sind solche des **BGB**.

W0193782

Nicht separat, sondern im jeweiligen Sachzusammenhang dargestellt werden die drei sog. **Erlösherausgabeansprüche:**

- § 285 Abs. 1
- §§ 681 S. 2, 667 (i.V.m. § 687 Abs. 2 S. 1)
- § 816 Abs. 1 S. 1

Die Klausur im Zivilrecht

B. Vertragliche Ansprüche

I. Rückgabe nach Vertragsbeendigung

Vertragliche Herausgabeansprüche entstehen, wenn ein auf Zeit zum Besitz berechtigendes Vertragsverhältnis endet. Vertragliche Herausgabeansprüche gibt es z.B. bei:

- Miete (§ 546 Abs. 1),
- Pacht (§§ 546, 581 Abs. 2),
- Leihe (§ 604 Abs. 1),
- Auftrag (§ 667),
- Geschäftsbesorgung (§§ 675 Abs. 1, 667),
- Verwahrung (§ 695) und
- Beendigung einer GbR (§ 732 S. 1).

Diese Herausgabeansprüche treten **neben** den dinglichen Herausgabeanspruch aus **§ 985**. Echte Anspruchskonkurrenz besteht dann, wenn der Inhaber des vertraglichen (Synonym: obligatorischen) Anspruchs zugleich Eigentümer und damit Inhaber auch des dinglichen Herausgabeanspruchs nach § 985 ist. Problematisch sind hingegen Fälle, in denen der **Eigentümer und der Inhaber des obligatorischen Anspruchs personenverschieden** sind.

- Ist der **Inhaber des obligatorischen Anspruchs** (I) dem Eigentümer (E) gegenüber **zum Besitz berechtigt**, dann können sowohl I als auch E gemäß § 986 Abs. 1 S. 2 vom unmittelbaren Besitzer (B) Herausgabe an I verlangen.

- Hat I hingegen gegenüber E **kein Besitzrecht**, so könnte man B eine Einrede aus § 242 gegenüber dem I zusprechen, weil B dem E nach Maßgabe der §§ 989, 990 haftet, wenn er I die Sache herausgibt. Die h.M. hält dies aber allenfalls dann für vertretbar, wenn B Kenntnis vom fehlenden Besitzrecht des I gegenüber E hat. Anderenfalls sei B verpflichtet, die Sache an I herauszugeben. Zum Schutz des B habe dann E seinen Herausgabeanspruch aus § 985 nur gegen I, damit B dem E nicht haften muss.

Vertragliche Herausgabeansprüche richten sich grundsätzlich nur gegen den Vertragspartner. Hiervon abweichend sieht **§ 546 Abs. 2** vor, dass der Vermieter die Sachen nach Beendigung des Mietverhältnisses auch von einem Dritten, dem der Mieter – mit oder ohne Zustimmung des Vermieters – den Gebrauch der Mietsache überlassen hat, zurückfordern kann. Entsprechendes gilt nach **§ 604 Abs. 4** für die Leihe und – in Gesamtanalogie – auch für den Rückgabeanspruch des Verwahrers nach § 695.

II. Rückabwicklung des Vertrags infolge Rücktritts oder Widerrufs

1. Herausgabe nach Rücktritt

Nach einem wirksamem **Rücktritt** vom Vertrag, der gemäß § 349 eine Erklärung voraussetzt, haben die Parteien nach § 346 Abs. 1 die empfangenen Leistungen zurückzugewähren und die gezogenen Nutzungen herauszugeben. Besonders klausurrelevant ist § 346 vor allem durch die Verweise aus dem kaufvertraglichen und werkvertraglichen Gewährleistungsrecht (§ 437 Nr. 2 Alt. 1 und § 634 Nr. 3 Alt. 1).

Der wichtigste Anspruch in diesem Zusammenhang ist der aus den **§§ 346 Abs. 1, 323, 437 Nr. 2 Alt. 1** mit dem der Käufer einer sach- oder rechtsmangelhaften Kaufsache die Rückzahlung des Kaufpreises verfolgt.

Der Rücktritt führt zu einer Umwandlung des Kaufvertrags in ein **Rückgewährschuldverhältnis**. Sind die Leistungen noch nicht erbracht worden, so hat der Rücktritt das Erlöschen der Primärleistungspflichten zur Folge. Die empfange-

---

E   ⟵ (kein) Besitzrecht   I

Eigentümer

obligatorischer
Herausgabeanspruch

↓

B

unmittelbarer
Besitzer

Die Vorschrift des § 546 Abs. 2 ordnet einen **gesetzlichen Schuldbeitritt des Dritten** zur Rückgabepflicht des Mieters aus § 546 Abs. 1 an. Sie gilt nicht in Fällen der gewerblichen Weitervermietung (§ 565).

**Aufbauschema: Anspruch aus
§§ 346 Abs. 1, 323, 437 Nr. 2 Alt. 1**

I. **Rücktrittserklärung** (§ 349)
II. **Rücktrittsgrund**
1. Wirksamer Kaufvertrag
2. Sach- oder Rechtsmangel (§§ 434, 435)
3. Bei Gefahrübergang (z.B. § 446)
4. Ablauf angemessener Frist oder Entbehrlichkeit
III. **Kein Ausschluss**
- Rücktrittsrecht ausgeschlossen (§ 323 Abs. 5 S. 1, Abs. 6)
- Kein Gewährleistungsausschluss (Vertrag oder Gesetz)
IV. **Keine Unwirksamkeit des Rücktritts** (§§ 438 Abs. 4, 218)
V. **Rechtsfolge:** Herausgabe (§ 346)

nen Leistungen sind in Natur zurückzugewähren, d.h. die mangelhafte Kaufsache ist zurückzuübertragen und der gezahlte Kaufpreis zurückzuzahlen. Soweit das Empfangene bzw. die Nutzungen nicht in Natur herausgegeben werden können, ist **gemäß § 346 Abs. 2 Wertersatz** zu leisten.

2. Herausgabe nach Widerruf

Zur Rückabwicklung des Vertrags kommt es auch, wenn ein Verbraucher (§ 13) von seinem z.B. in **§ 312 g** (Außergeschäftsraum- oder Fernabsatzvertrag) oder **§ 495** (Verbraucherdarlehensvertrag) statuierten **Widerrufsrecht** Gebrauch macht und seine auf Vertragsschluss gerichtete Willenserklärung wirksam gegenüber dem Unternehmer (§ 14) widerruft.

Nach **§ 355 Abs. 3 S. 1** sind die Parteien dann nämlich verpflichtet, die **empfangenen Leistungen** unverzüglich **zurückzugewähren**. Dabei bedeutet unverzüglich in Anlehnung an § 121 Abs. 1 S. 1 ohne schuldhaftes Zögern. Vom Unternehmer gelieferte Waren und sonstige dem Verbraucher überlassene Vermögensgegenstände sind grundsätzlich in Natur herauszugeben. Dabei kann der Verbraucher die Ware auch an eine vom Unternehmer ermächtigte Person herausgeben, etwa ein vom Unternehmen eingeschaltetes Logistikunternehmen.

Geht es um den Widerruf eines Fernabsatzvertrags (§ 312 c), ist **§ 355 Abs. 3 S. 1** i.V.m. **§ 357 Abs. 1** die Anspruchsgrundlage auf Herausgabe der Leistungen. Abweichend von der Grundregel sind die Leistungen dann nicht unverzüglich, sondern spätestens nach 14 Tagen zurückzugewähren. Dabei hat der Unternehmer nach **§ 357 Abs. 3 S. 1** für die Rückzahlung das Zahlungsmittel zu verwenden, das auch der Verbraucher bei seiner Zahlung verwendet hat. Der Unternehmer kann von der Verpflichtung aus § 357 Abs. 3 S. 1 nur abweichen, wenn er mit dem Verbraucher **ausdrücklich** eine andere Vereinbarung getroffen hat und dem Verbraucher durch diese Art der Rückzahlung keine Kosten entstehen, § 357 Abs. 3 S. 2. Wegen des Erfordernisses der Ausdrücklichkeit ist eine abweichende Vereinbarung im Rahmen von AGB regelmäßig unwirksam. Der Unternehmer kann demnach mit der Zusendung eines Gutscheins den Anspruch des Verbrauchers grundsätzlich nicht erfüllen.

Gemäß **§ 357 Abs. 2 S. 1** hat der Unternehmer auch die Kosten der Lieferung zurückzugewähren. Davon sind jedoch Zusatzkosten ausgenommen, die dadurch entstanden sind, dass der Verbraucher ausdrücklich eine **andere Art der Lieferung** als die vom Unternehmer angebotene, günstigere Standardlieferung gewählt hat.

III. Herausgabe des Ersatzes

Ist dem Schuldner die Herausgabe des Gegenstandes nach **§ 275 Abs. 1 bis 3** unmöglich, erlangt er jedoch infolge des Umstands, auf Grund dessen die Unmöglichkeit eingetreten ist, für den geschuldeten Gegenstand einen Ersatz oder einen Ersatzanspruch, so kann der Gläubiger gemäß § 285 Abs. 1 Herausgabe des als Ersatz Empfangenen oder Abtretung des Ersatzanspruchs verlangen. Damit wird eine als unbillig empfundene Zuordnung von Vermögensgütern durch **schuldrechtliche Surrogation** (weitere Fälle: §§ 667, 816) korrigiert. Im Gegensatz zur dinglichen Surrogation (z.B. § 1247 S. 2) tritt das Surrogat, das **stellvertretende commodum**, nicht ipso iure an die Stelle des ursprünglich geschuldeten Gegenstandes; es besteht lediglich ein schuldrechtlicher Herausgabeanspruch.

Voraussetzung für einen Anspruch aus **§ 285 Abs. 1** ist der Eintritt eines nach § 275 beachtlichen Leistungshindernisses. Ob es sich dabei um anfängliche oder nachträgliche, zu vertretende oder nicht zu vertretende **Unmöglichkeit**

Aufbauschema: Widerruf bei Verbraucherverträgen

I. **Widerrufserklärung**
(§ 355 Abs. 1 S. 2)

II. **Widerrufsrecht gemäß § 355**
(z.B. aus § 312 g)

III. **Rechtsfolge:** Herausgabe
(§ 355 Abs. 3 bzw. §§ 357 ff.)

§ 355 Abs. 3 bestimmt die grundsätzlichen Rechtsfolgen des Widerrufs, die in den **§§ 357 ff.** für einzelne Vertragstypen modifiziert und ergänzt werden.

Grundfälle des Verbraucherschutzes sind im Beitrag Wirtz RÜ 2014, 465 ff. dargestellt.

Es stellt sich dann jedoch die Frage, ob zumindest ein **Anspruch auf den Differenzbetrag** zwischen der angebotenen Standard- und der gewählten Expresslieferung besteht. Für einen solchen Anspruch, den die h.M. gewährt, spricht der Wortlaut des § 357 Abs. 2 S. 2 demzufolge die Erstattungspflicht nur „soweit" für „zusätzliche" Kosten entfallen soll.

Auf den dinglichen Anspruch aus § 985 ist § 285 nicht anwendbar. Ist die Übereignung unwirksam, dann soll der Eigentümer vom neuen Besitzer gemäß § 985 die Herausgabe, nicht aber zusätzlich vom alten Besitzer gemäß § 285 den Erlös (d.h. den vom neuen Besitzer an den alten Besitzer gezahlten Kaufpreis) verlangen können. Ist die Übereignung dagegen wirksam (z.B. weil der Eigentümer sie gemäß §§ 185 Abs. 1 S. 2 Var. 1, 184 genehmigt), dann kann der Eigentümer vom alten Besitzer gemäß § 816 Abs. 1 S. 1 den Erlös verlangen, vom neuen Besitzer aber nicht mehr die Sache. Nur wenn der neue Besitzer das Eigentum unentgeltlich erhalten hat, dann muss er die Sache gleichwohl gemäß § 816 Abs. 1 S. 2 herausgeben.

Anstelle der Wiederherstellung (§ 249 Abs. 1) kann der Geschädigte **Schadensersatz in Geld** verlangen, wenn eine Personenverletzung oder Sachbeschädigung vorliegt (§ 249 Abs. 2 S. 1), wenn eine zur Wiederherstellung gesetzte Frist verstrichen (§ 250) oder die Wiederherstellung nicht möglich oder nicht ausreichend ist (§ 251 Abs. 1, Kompensation). In der Praxis ist der Geldersatz die Regel, nicht die Ausnahme (vgl. zum allgemeinen Schadensrecht AS-Skript Schuldrecht BT 4 [2017] Rn. 422 ff.).

handelt, ist unerheblich. In den Fällen des § 275 Abs. 2 und 3 muss der Schuldner die ihm zustehende Einrede tatsächlich erhoben haben.

Der Schuldner muss für den Gegenstand, dessen Herausgabe unmöglich ist, einen **Ersatz oder Ersatzanspruch** erlangt haben. Ursprünglich geschuldeter Gegenstand und Ersatz bzw. Ersatzanspruch müssen in einem adäquaten Kausalzusammenhang stehen. Auch der durch Rechtsgeschäft erlangte Ersatz bzw. Ersatzanspruch ist herauszugeben.

Beispiel 1: Wird der geschuldete Gegenstand durch einen Brand vernichtet, sind die Ansprüche gegen den Feuerversicherer und gegen den Brandstifter abzutreten.

Beispiel 2: Herausgabe des vom Zweitkäufer erlangten Veräußerungserlöses an den Erstkäufer. Obwohl hier Unmöglichwerden und Ersatzerlangung auf unterschiedlichen Rechtsgeschäften beruhen, wird der Kausalzusammenhang bejaht.

Die Verpflichtung zur **Herausgabe des Erlangten** erstreckt sich aufgrund des Ersetzungsgedankens auch auf einen Mehrwert des Ersatzes (etwa einen Veräußerungsgewinn).

Neben dem Surrogat kann der Gläubiger auch Schadensersatz statt der Leistung verlangen, der sich dann allerdings **um den Wert des Surrogats mindert** (§ 285 Abs. 2). Fordert der Gläubiger bei gegenseitigen Verträgen die Herausgabe des stellvertretenden commodums, so bleibt er in dem Verhältnis zur Gegenleistung verpflichtet, in dem dessen Wert zum Wert der ursprünglich geschuldeten Leistung steht (§ 326 Abs. 3).

IV. Herausgabe als Naturalrestitution

Bei vertraglichen Pflichtverletzungen kommt ein Schadensersatzanspruch nach **§ 280 Abs. 1** in Betracht. Liegen dessen Tatbestandsvoraussetzungen vor und kann sich der Schuldner auch nicht exkulpieren (§ 280 Abs. 1 S. 2), ist der Gläubiger so zu stellen, wie er ohne die Pflichtverletzung stünde. Dies kann den Schuldner **auch zur Herausgabe verpflichten.** Die §§ 249 bis 253 regeln, ob und in welcher Höhe jemandem ein ersatzfähiger Schaden entstanden ist und auf welche Weise er Regulierung verlangen kann. Grundsätzlich hat derjenige, der zum Schadensersatz verpflichtet ist, den Zustand herzustellen, der bestehen würde, wenn der zum Ersatz verpflichtende Umstand nicht eingetreten wäre **(Grundsatz der Naturalrestitution, § 249 Abs. 1).** Der Geschädigte wird also grundsätzlich (Ausnahme: § 251 Abs. 2) in seinem Erhaltungsinteresse und nicht bloß in seinem Wertinteresse geschützt.

C. Vertragsähnliche Ansprüche

I. Anspruch aus vorvertraglicher Pflichtverletzung (c.i.c.)

Auch bei einer vorvertraglichen Pflichtverletzung (vgl. zu den Voraussetzungen unten S. 27 f.) kommt im Rahmen eines Anspruchs aus **§§ 280 Abs. 1, 311 Abs. 2, 241 Abs. 2** i.V.m. **§ 249 Abs. 1** (Naturalrestitution) eine Herausgabepflicht des Schuldners in Betracht.

II. Ansprüche aus der Geschäftsführung ohne Auftrag (GoA)

Zu den vertragsähnlichen Herausgabeansprüchen zählen außerdem Ansprüche aus der GoA (§§ 677 ff.). Zu unterscheiden sind die (echte) berechtigte und die (echte) unberechtigte GoA sowie die angemaßte Eigengeschäftsführung (unechte GoA). Aus jeder dieser Varianten der GoA ergibt sich ein **Herausgabeanspruch des Geschäftsherrn:**

- **§§ 677, 681 S. 2, 667** (bei berechtigter GoA)
- **§§ 677, 681 S. 2, 667** (bei unberechtigter GoA)
- **§§ 687 Abs. 2, 681 S. 2, 667** (bei angemaßter GoA)

Ferner hat der **Geschäftsführer** bei unberechtigter GoA einen **Herausgabeanspruch** aus **§ 684 i.V.m. §§ 812 ff.** Gleiches gilt bei angemaßter GoA, wenn der Geschäftsherr vom Geschäftsführer dessen Gewinn aus der Geschäftsführung gemäß §§ 687 Abs. 2, 681 S. 2, 667 herausverlangt.

Keinen Fall der GoA stellt hingegen die **irrtümliche Eigengeschäftsführung** dar. Sie liegt vor, wenn jemand ein objektiv fremdes Geschäft in der irrigen Meinung besorgt, dass es sein eigenes sei. In derartigen Fällen finden die Vorschriften der GoA gem. § 687 Abs. 1 keine Anwendung. Der Geschäftsherr kann das Geschäft auch nicht nach § 684 S. 2 genehmigen. Die Haftung des Geschäftsführers richtet sich damit ausschließlich nach den Vorschriften außerhalb des Rechts der GoA, insbesondere nach den §§ 823 ff., 812 ff.; für die Haftung des Geschäftsherrn kommen insbesondere die §§ 994 ff., 812 ff. in Betracht.

1. Echte berechtigte GoA

Eine **echte GoA** liegt nach **§ 677** vor, wenn jemand ein fremdes Geschäft für einen anderen (mit Fremdgeschäftsführungswillen) besorgt, ohne von ihm beauftragt oder ihm gegenüber sonst dazu berechtigt zu sein. Entspricht die Übernahme der Geschäftsführung außerdem dem Interesse und dem (mutmaßlichen) Willen des Geschäftsherrn i.S.d. **§ 683**, so handelt es sich um eine echte **berechtigte** GoA.

a) Geschäftsbesorgung

Der Begriff des Geschäfts i.S.d. § 677 ist **weit auszulegen**. Erforderlich ist aber jedenfalls eine Tätigkeit, bloßes Unterlassen, Dulden oder Gewährenlassen genügt grundsätzlich nicht. Dabei kann es sich um eine einzige Angelegenheit oder um eine Tätigkeit von gewisser Dauer handeln. Der Geschäftsführer braucht ferner nicht in eigener Person tätig zu werden, er kann sich auch seiner Hilfspersonen oder Dritter bedienen.

Kurz gesagt, umfasst die Geschäftsbesorgung grundsätzlich **alle rechtsgeschäftlichen und tatsächlichen Handlungen**.

Beispiele: Abschluss eines Vertrages, Begleichung einer Schuld (rechtliche Handlungen); Löschung eines Brands, Abschleppen eines Kfz, Behandlung eines Kranken, Regelung des Straßenverkehrs (tatsächliche Handlungen)

Allerdings sind **höchstpersönliche Handlungen**, etwa die Errichtung eines Testaments oder die Eheschließung, kein tauglicher Gegenstand der Geschäftsbesorgung.

b) Für einen anderen

Nach § 677 muss der Geschäftsführer das Geschäft „für einen anderen" besorgen. Dazu muss ein fremdes Geschäft vorliegen und der Geschäftsführer muss mit entsprechendem Fremdgeschäftsführungswillen handeln.

aa) Fremd ist das Geschäft, wenn es objektiv zum **Pflichten- oder Interessenkreis eines anderen** gehört. Dabei sind drei Fallgestaltungen zu unterscheiden:

- **Objektiv fremdes Geschäft:** Ein objektiv fremdes Geschäft gehört schon seinem Inhalt nach und daher äußerlich erkennbar zu einem fremden Rechts- und Interessenkreis.

  Beispiele: Hilfeleistung für Verletzten, Abwendung einer von einer fremden Sache ausgehenden Gefahr, Tilgung fremder Schulden, Veräußerung oder Vermietung einer fremden Sache

- **Neutrales Geschäft:** Ein (objektiv) neutrales Geschäft kann äußerlich sowohl zum Rechtsbereich des Geschäftsführers als auch des Geschäftsherrn gehören. Der etwaige Fremdcharakter ergibt sich erst aus einem Fremdgeschäftsführungswillen.

  Beispiel: Kauf eines Gegenstands für einen anderen

**Aufbauschema:
Echte berechtigte GoA**

I. Geschäftsbesorgung

II. Für einen anderen

III. Ohne Auftrag und ohne sonstige Berechtigung

IV. Interessen- und willensgemäß

V. Rechtsfolgen

Benennen Sie immer **konkret die rechtliche oder tatsächliche Handlung**. Es kann nämlich entscheidend sein, einen konkreten Bezugspunkt für die Prüfung der weiteren Tatbestandsmerkmale zu haben.

Auch fremdes Geschäft reicht aus.

- **Auch fremdes Geschäft:** Führt der Geschäftsführer ein Geschäft sowohl im eigenen als **auch im fremden Interessenkreis** (sog. auch fremdes Geschäft) schließt dies nach h.M. die Anwendung der GoA nicht aus, da § 677 nicht verlangt, dass das Geschäft **nur** für einen anderen vorgenommen wird (vgl. ausführlich AS-Skript Schuldrecht BT 3 [2017], Rn. 65 ff.)

    Beispiel: Brand in der Wohnung des Nachbarn wird gelöscht, um gleichzeitig zu verhindern, dass der Brand auf die eigene Wohnung übergreift.

bb) Die echte GoA setzt außerdem voraus, dass der Geschäftsführer mit **Fremdgeschäftsführungswillen** gehandelt hat. Dazu ist erforderlich, dass er **Kenntnis** von der Fremdheit hat (sonst § 687 Abs. 1) und den **Willen** hat, dieses Geschäft für einen anderen zu tätigen (sonst § 687 Abs. 2).

Wer weiß, dass er ein fremdes Geschäft führt, hat grundsätzlich auch den erforderlichen Fremdgeschäftsführungswillen, es sei denn, er bringt den gegenteiligen Willen zum Ausdruck.

Bei einem **objektiv fremden Geschäft** wird der Fremdgeschäftsführungswille **vermutet**.

Vermutung des Fremdgeschäftsführungswillens auch beim auch fremden Geschäft (h.M.)

Streitig ist die Behandlung des Fremdgeschäftsführungswillens bei einem **„auch fremden" Geschäft**. Die h.M. geht davon aus, dass auch in diesem Fall der Fremdgeschäftsführungswille vermutet werden kann. Nach der Gegenauffassung ist es bei einem auch fremden Geschäft wahrscheinlicher, dass der Geschäftsführer allein im eigenen Interesse handelt, sodass der Fremdgeschäftsführungswille nach außen erkennbar hervortreten müsse.

Das **neutrale Geschäft** erhält seinen Fremdcharakter erst durch den Willen des Handelnden, das Geschäft vordringlich oder zumindest gleichzeitig für einen anderen zu führen. Hier besteht **keine Vermutung** des Fremdgeschäftsführungswillens, sondern dieser muss hinreichend nach außen in Erscheinung treten. Die Beweislast dafür trägt der Geschäftsführer.

Zur **Vermeidung von Wertungswidersprüchen** zum Bereich der vertraglichen Schuldverhältnisse muss der Geschäftsführer auch bei der GoA mit **Rechtsbindungswillen** tätig werden. Bei rechtsgeschäftlichen Schuldverhältnissen wird zwischen Gefälligkeitsverträgen (z.B. § 662) und einem Gefälligkeitsverhältnis unterschieden. Nach diesen Maßstäben ist auch zwischen einer GoA gemäß § 677 und einer bloßen **Gefälligkeit ohne Auftrag** (vgl. dazu BGH RÜ 2015, 635) zu unterscheiden. Ob bei fehlendem Rechtsbindungswillen ein Anspruch aus GoA am Nichtvorliegen einer Geschäftsbesorgung oder mangels Fremdgeschäftsführungswillen scheitert, ist eine rein dogmatische Frage. Da der erforderliche Fremdgeschäftsführungswille das voluntative Element der GoA betrifft, sollte dort vorzugsweise geprüft werden, ob der Geschäftsführer mit dem notwendigen Rechtsbindungswillen handelte.

c) Ohne Auftrag und ohne sonstige Berechtigung

Der Geschäftsführer muss gemäß § 677 ohne Auftrag des Geschäftsherrn und ohne sonstige Berechtigung **gegenüber dem Geschäftsherrn** gehandelt haben. Eine Legitimation gegenüber einem Dritten reicht nicht aus.

Ohne Auftrag handelt, wer dem Geschäftsherrn gegenüber weder aus Vertrag noch kraft Gesetzes verpflichtet ist. Das ist auch bei einem nichtigen Auftragsverhältnis der Fall. Sind dem Geschäftsherrn gegenüber **mehrere Personen** verpflichtet, so ist dies für einen „Auftrag" i.S.d. § 677 ausreichend.

Eine **sonstige Berechtigung** kann sich aus einer familienrechtlichen Beziehung (Ehegatten, § 1357) oder einer Amts- bzw. Organstellung (Nachlass-, Insolvenzverwalter, Vereinsvorstand) ergeben.

Die allgemeine Hilfeleistungspflicht gemäß **§ 323 c StGB** reicht nicht aus. Dafür spricht, dass das spezielle Auftragsverhältnis i.S.d. § 677 immer eine Sonderbeziehung zwischen Geschäftsführer und Geschäftsherrn statuiert, in der die rechtlichen Beziehungen, insbesondere auch in Bezug auf den Aufwendungsersatz, speziell geregelt sind. § 323 c StGB begründet aber gerade keine Sonderbeziehung, sondern betrifft die Allgemeinheit.

d) Interessen- und willensgemäß

Die **echte berechtigte GoA** setzt voraus, dass die Übernahme der Geschäftsführung gemäß **§ 683 S. 1** interessen- und willensgemäß war.

Dem **Interesse** des Geschäftsherrn entspricht die Übernahme der Geschäftsführung, wenn sie für den Geschäftsherrn **objektiv nützlich** ist, sich also vorteilhaft auswirkt. Zu beurteilen ist dies nach der **Sachlage im Zeitpunkt der Übernahme** der Geschäftsführung. So ist etwa auch ein letztlich erfolgloser Versuch der Lebensrettung interessen- und willensgemäß, wenn nicht von vornherein feststand, dass keinerlei Rettungsmöglichkeit mehr bestand.

Außerdem ist die **Tilgung einer einredefreien Schuld** vorteilhaft und damit interessengemäß. Entsprechendes gilt, wenn ein Grundstückseigentümer eine Eigentumsbeeinträchtigung selbst beseitigt. Der Störer wird nämlich von der ihm gemäß § 1004 Abs. 1 S. 1 obliegenden Pflicht frei, sodass die Übernahme des Geschäfts auch in seinem objektiven Interesse liegt.

Beispiel: Wird ein Fahrzeug, das unbefugt auf einem Privatgrundstück in verbotener Eigenmacht abgestellt wurde, im Auftrag des Grundstücksbesitzers im Wege der berechtigten Selbsthilfe entfernt, entspricht dies dem objektiven Interesse und dem mutmaßlichen Willen des Fahrzeughalters (BGH RÜ 2016, 345).

Willensgemäß ist die Übernahme des Geschäfts nur, wenn

- der Geschäftsherr sich ausdrücklich oder konkludent damit einverstanden erklärt hat (wirklicher Wille) oder **hilfsweise**

- die Übernahme dem **mutmaßlichen Willen** des Geschäftsherrn entspricht.

  Das ist der Wille, den der Geschäftsherr bei objektiver Beurteilung aller Umstände geäußert hätte, **wenn** er bei Übernahme des Geschäfts gefragt worden wäre. Dabei ist regelmäßig davon auszugehen, dass ein **objektiv nützliches Geschäft** auch dem Willen des Geschäftsherrn entspricht.

Bei der Beurteilung der Willensgemäßheit ist der tatsächlich geäußerte Wille in den in § 679 gesetzten Grenzen entscheidend, selbst wenn er unvernünftig oder interessenwidrig ist.

Der entgegenstehende **Wille** des Geschäftsherrn ist gemäß § 679 **unbeachtlich**,

- wenn der Geschäftsherr die wahrgenommene **Aufgabe im öffentlichen Interesse** hätte erfüllen müssen oder

- eine **gesetzliche Unterhaltspflicht des Geschäftsherrn** nicht rechtzeitig erfüllt worden wäre.

  Beispiele: Zu den Unterhaltspflichten i.S.d. § 679 zählen etwa solche des Familienrechts (§§ 1360 f., 1601 ff.) und des Erbrechts (§1969).

Soweit das Gesetz auf den Willen des Geschäftsherrn abstellt (z.B. §§ 679, 683), ist aus Gründen des Minderjährigenschutzes auf den tatsächlichen oder mutmaßlichen Willen und die Erklärung des **gesetzlichen Vertreters**, also etwa der Eltern, abzustellen. Nach h.M. ist der entgegenstehende **Wille des Selbstmörders stets unbeachtlich**. Die Begründungen hierfür sind unterschiedlich. Zum Teil werden für die Unbeachtlichkeit die §§ 13, 323 c StGB unmittelbar herangezogen. Nach anderer Auffassung ist der entgegenstehende Wille des Selbstmörders **analog § 679** nicht zu beachten. Dabei wird die Analogie mit der Wertung des § 323 c StGB begründet.

Im Interesse des Geschäftsherrn, wenn **objektiv nützlich**

Zum Anspruch des Geschäftsführers auf Aufwendungsersatz unten Teil 3

e) Rechtsfolgen

Der Geschäftsführer einer **echten berechtigten GoA** muss gemäß **§§ 677, 681 S. 2, 667** das in Ausführung der Geschäftsführung Erlangte an den Geschäftsherrn herausgeben. Die **Herausgabepflicht** erstreckt sich auch auf den erzielten Gewinn. Dazu gehören alle Sachen und Rechte, die der Geschäftsführer von einem Dritten infolge der Geschäftsbesorgung erhalten hat, die also mit der Geschäftsbesorgung in einem inneren Zusammenhang stehen (z.B. Schmiergelder). Außerdem muss der Geschäftsführer das **herauszugebende Geld**, das er für sich verwendet hat, **verzinsen**, §§ 681 S. 2, 668.

2. Echte unberechtigte GoA

Unberechtigt ist die GoA, wenn die Voraussetzungen des § 683 nicht vorliegen, die Übernahme der Geschäftsführung also entweder nicht dem Interesse **oder nicht** dem (mutmaßlichen) Willen des Geschäftsherrn entspricht. Dann ist der Geschäftsherr nach **§ 684 S. 1** dazu verpflichtet, dem Geschäftsführer alles, was er durch die Geschäftsführung erlangt hat, nach den Vorschriften über die Herausgabe einer ungerechtfertigten Bereicherung herauszugeben. Nach h.M. handelt es sich dabei um eine **Rechtsfolgenverweisung** auf die §§ 812 ff.

Aufbauschema:
Echte unberechtigte GoA

Aufbauschema:
Echte unberechtigte GoA

I. **Geschäftsbesorgung**

II. **Für einen anderen**

III. **Ohne Auftrag und ohne sonstige Berechtigung**

IV. **Nicht interessen- oder nicht willensgemäß**

V. **Rechtsfolgen**

Umstritten ist, ob dem Geschäftsherrn der Anspruch aus **§§ 681 S. 2, 667 auch gegen den unberechtigten Geschäftsführer** zusteht. Eine Auffassung verneint dies und weist darauf hin, dass es dem Geschäftsherrn frei stehe, die unberechtigte GoA durch **Genehmigung nach § 684 S. 2** zur berechtigten zu machen. Nach zutreffender Gegenauffassung ist § 681 hingegen auch auf den unberechtigten Geschäftsführer anzuwenden, weil der unberechtigte Geschäftsführer nicht besser stehen soll als der berechtigte und erst recht nicht einzusehen ist, dass § 681 über die Verweisung in § 687 Abs. 2 S. 1 für den anmaßenden Eigengeschäftsführer gilt, nicht aber für den berechtigten Geschäftsführer.

Die Ansprüche aus §§ 681 S. 2, 667 und §§ 684 S. 1, 818 ff. schließen sich auch nicht wechselseitig aus und führen auch nicht zur Treuwidrigkeit des Herausgabebegehrens nach § 242 („dolo agit ..."); der scheinbare Widerspruch beider Ansprüche lässt sich dahingehend auflösen, dass der Geschäftsherr nach §§ 684 S. 1, 818 ff. lediglich Aufwendungsersatz nach Bereicherungsrecht schuldet, während der Geschäftsführer das Erlangte nach §§ 681 S. 2, 667 herauszugeben hat.

3. Angemaßte GoA

Führt jemand ein objektiv fremdes Geschäft ohne Auftrag und ohne sonstige Berechtigung wissentlich **in eigennütziger Absicht** als eigenes, liegt eine angemaßte GoA vor. Dann ist der Geschäftsführer dem Geschäftsherrn gemäß **§§ 687 Abs. 2 S. 1, 681 S. 2, 667** zur Herausgabe verpflichtet. Dieser Herausgabeanspruch umfasst auch den Veräußerungserlös, der über den Verkehrswert hinausgeht, und entsteht unabhängig davon, ob das Erlangte noch vorhanden ist. Nur wenn der Geschäftsherr die sich aus dem Verweis in § 687 Abs. 2 S. 1 ergebenden Ansprüche ausdrücklich oder konkludent geltend macht, ist er dem Geschäftsführer nach **§§ 687 Abs. 2 S. 2, 684 S. 1, 812 ff.** verpflichtet. Dann steht dem Geschäftsführer Aufwendungsersatz nach dem Bereicherungsrecht (§§ 812 ff.) zu.

Die fahrlässige Unkenntnis von der Fremdheit des Geschäfts reicht zur Begründung eines Falls von § 687 Abs. 2 nicht aus. Ausreichend ist jedoch nach **§ 142 Abs. 2** die positive Kenntnis der Anfechtbarkeit des berechtigenden Rechtsgeschäfts.

D. Sachenrechtliche Ansprüche

Die folgenden Ansprüche bestehen **sowohl bezüglich beweglicher als auch bezüglich unbeweglicher Sachen**.

I. Ansprüche aus dinglichem Recht (§ 985, ggf. i.V.m. Verweisung)

Der Vindikationsanspruch ist zugleich **Grundvoraussetzung aller Ansprüche aus dem gesetzlichen Eigentümer-Besitzer-Verhältnis** (§§ 987 ff.). Siehe hierzu Lüdde, Das Haftungssystem des EBV, RÜ 2016, 464 ff.

Der **Eigentümer** kann **vom Besitzer** (gleich ob unmittelbarer oder mittelbarer Eigen- oder Fremd- sowie Allein- oder Mitbesitzer) die Herausgabe der Sache verlangen (§ 985), wenn der Besitzer – wie § 986 Abs. 1 S. 1 zeigt – **kein Recht zum Besitz** hat. Der Herausgabeanspruch aus § 985 ist auf die **Übertragung des Besitzes** gerichtet. Eigentum hat der Anspruchsberechtigte ja bereits, dieses ist schon Anspruchsvoraussetzung.

Der Anspruch ist **nicht abtretbar**, da er die Befugnis der Eigentümers zum Besitz der Sache (vgl. § 903 S. 1) verwirklichen soll und mit dieser untrennbar verknüpft ist. Eine **Konkurrenz** mit anderen Herausgabeansprüchen (z.B. §§ 861, 1007 Abs. 1 und Abs. 2, 823 ff.) ist möglich, insbesondere mit vertraglichen Herausgabeansprüchen nach Beendigung des Vertrages (s.o.).

Ein **Recht zum Besitz** kann sich aus einem **dinglichen Recht** wie z.B. einem Pfandrecht und nach h.M. auch aus dem Anwartschaftsrecht an einer beweglichen Sache ergeben. Es kann ferner aus einem Vertrag **(obligatorisches Besitzrecht)** stammen, und zwar gemäß § 986 Abs. 2 (analog) hinsichtlich beweglicher Sachen, die zuvor nach § 930 oder § 931 veräußert wurden, auch aus einem Vertrag, welcher mit dem früheren Eigentümer geschlossen wurde. **Zurückbehaltungsrechte** (§§ 273, 320, 1000) geben hingegen nach h.M. kein Recht zum Besitz, weil sie prozessual nicht zur Klageabweisung, sondern nur zur Zug-um-Zug-Verurteilung führen (vgl. § 322). Das Recht zum Besitz kann originär dem unmittelbaren Besitzer gegenüber dem Eigentümer zustehen, oder aber der unmittelbare Besitzer kann es vom mittelbaren Besitzer i.S.d. § 868 derivativ **ableiten**, s. § 986 Abs. 1 S. 1 Var. 2.

Gibt es einen **mittelbaren Besitzer** i.S.d. § 868, so ist zu differenzieren:

- **Vom unmittelbaren Besitzer** kann der Eigentümer die Herausgabe der Sache gemäß § 986 Abs. 1 S. 2 **grundsätzlich nur an den mittelbaren Besitzer** verlangen, solange und soweit dieser den unmittelbaren Besitz übernehmen kann und will.

- **Vom mittelbaren Besitzer** kann der Eigentümer nach h.M. nicht nur die **Übertragung des mittelbaren Besitzes** (also gemäß § 870 die Abtretung des Herausgabeanspruchs gegen den unmittelbaren Besitzer) verlangen. **Wahlweise** ist der Anspruch auf die **Herausgabe** der Sache an den Eigentümer gerichtet. Das hat den Vorteil, dass die **Vollstreckung** des Eigentümers gegen den mittelbaren Besitzer aus einem aufgrund § 985 ergangenen Titels stets **gesichert** ist: Zunächst kann der Eigentümer nach §§ 886, 829, 835 ZPO den Herausgabeanspruch des mittelbaren Besitzers gegen den unmittelbaren Besitzer pfänden und sich überweisen lassen. Sollte der mittelbare Besitzer nach der Titulierung und vor der Vollstreckung seinen Herausgabeanspruch gegen den unmittelbaren Besitzer selbst durchsetzen und sich den unmittelbaren Besitz an der Sache verschaffen, so kann der Eigentümer ihn nach § 883 ZPO zur Herausgabe zwingen.

Die „für die Ansprüche aus dem Eigentum geltenden Vorschriften", und damit auch § 985, finden **entsprechende Anwendung** auf den Nießbraucher (§ 1065), den Mobiliarpfandgläubiger (§ 1227), den Erbbauberechtigten (§ 11 Abs. 1 S. 1 ErbbauRG) und – jedenfalls nach der herrschenden gemischt privatrechtlich-öffentlich-rechtlichen Theorie – den Inhaber des Pfändungspfandrechts (vgl. § 804 Abs. 2 ZPO). Auch sie können also Herausgabe verlangen. Bei anderen beschränkt dinglichen Rechten fehlt ein solcher Verweis und es verbietet sich eine Analogie, weil sie keinen Anspruch auf Besitzverschaffung vermitteln (so z.B. bei Hypothek und Grundschuld, welche nach h.M. nur einen Anspruch auf Duldung der Zwangsvollstreckung in das Grundstück gewähren, vgl. § 1147).

II. Ansprüche aus früherem Besitz

Ferner können sich Herausgabeansprüche aus dem früheren Besitz selbst und/oder aus einem Recht zum Besitz ableiten.

**Aufbauschema:
Anspruch aus § 985**

I. **Anspruchsteller** = Eigentümer

II. **Anspruchsgegner**
= (un-)mittelbarer Besitzer

III. **Kein** eigenes oder abgeleitetes, obligatorisches oder dingliches **Recht zum Besitz** des Anspruchsgegners

Die **Ableitung setzt voraus**, dass der unmittelbare Besitzer gegenüber dem mittelbaren Besitzer sowie der mittelbare Besitzer gegenüber dem Eigentümer jeweils ein Besitzrecht hat; zudem muss der mittelbare Besitzer gegenüber dem Eigentümer zur Weiterleitung des Besitzrechts befugt sein (arg. e con. § 986 Abs. 1 S. 2 Hs. 1).

**Aufbauschema:
Anspruch aus § 861**

I. **Anspruchsteller**
= ehemaliger Besitzer

II. **Anspruchsgegner**
= fehlerhafter Besitzer aufgrund verbotener Eigenmacht

III. **Kein Ausschluss durch Gestattung** (insb. § 859), eigene Fehlerhaftigkeit (§ 861 Abs. 2), Erlöschen (§ 864)
⇨ andere Einwendungen sind gemäß § 863 unbeachtlich

1. Possessorischer Anspruch, § 861

Zu den **Besitzverhältnissen** an einem Pkw bei einer **Probefahrt** vor dem Kauf und zwecks Abnahme einer Reparatur BGH RÜ 2017, 632

Ein (früherer) unmittelbarer Besitzer, dem der Besitz durch **verbotene Eigenmacht** (§ 858 Abs. 1) entzogen wurde, kann von dem, der ihm gegenüber fehlerhaft besitzt, die Wiedereinräumung des Besitzes verlangen. **Fehlerhaft** ist gemäß § 858 Abs. 2 sowohl der Besitz desjenigen, der selbst die verbotene Eigenmacht geübt hat, als auch seiner Erben sowie seiner sonstigen Rechtsnachfolger, sofern letztere die Fehlerhaftigkeit bei Besitzerwerb kannten.

Gemäß § 869 S. 1 steht der Anspruch **auch dem mittelbaren Besitzer zu**. Allerdings ist die Sache dann gemäß § 869 S. 2, der § 986 Abs. 1 S. 2 nachgebildet ist, primär an den früheren unmittelbaren Besitzer herauszugeben.

Bei einer bloßen **Besitzstörung** bedarf es keines Herausgabeanspruchs. Der gestörte Besitzer hat aber nach Maßgabe des § 862 einen **Störungsbeseitigungs- und Unterlassungsanspruch**.

Als **possessorischer Anspruch** (lat. possessio = Besitz) erwächst der Anspruch alleine **aus dem Besitz selbst**. Die alte Besitzlage soll wiederhergestellt werden. Der **Anspruchsinhaber** muss daher keinerlei Recht zum Besitz an der Sache gehabt haben. Nur wenn er selbst den Besitz rechtswidrig durch verbotene Eigenmacht erlangt hat, ist der Anspruch ausgeschlossen (§ 859 als „gesetzliche Gestattung" i.S.d. § 858 Abs. 1). Auch der **Anspruchsgegner** kann sich gemäß § 863 nicht auf ein Recht zum Besitz berufen, also etwa darauf, er sei Eigentümer oder habe einen Anspruch auf Übereignung.

Der Anspruch kann nach Maßgabe des § 861 Abs. 2 **ausgeschlossen** oder nach Maßgabe des § 864 **erloschen** sein.

2. Petitorische Ansprüche, § 1007 Abs. 1 und § 1007 Abs. 2

Petitorische Ansprüche ergeben sich aus einem Recht an der Sache (lat. petitio = Anspruch) und stellen daher die Besitzverhältnisse an der Sache – anders als oft § 861 – endgültig wieder her. Zu den petitorischen Ansprüchen zählen neben § 985 (der sich aus dem Eigentum ergibt) die Ansprüche aus **§ 1007 Abs. 1 und Abs. 2**, die sich aus einem sonstigen Besitzrecht an der Sache ergeben.

Aufbauschema: Ansprüche aus § 1007 Abs.1 bzw. Abs. 2

I. **Anspruchsteller**
   = ehemaliger Besitzer

II. **Anspruchsgegner**
   = gegenwärtiger Besitzer

III. Anspruchsgegner **bösgläubig** bzw. Sache zuvor **abhanden gekommen**

IV. **Kein Ausschluss** nach § 1007 Abs. 2 Hs. 2 oder nach § 1007 Abs. 3

Die Ansprüche aus § 1007 Abs. 1 und 2 richten sich jeweils auf **Wiedereinräumung der ursprünglichen Besitzposition**. Jede Art von Besitz begründet den Anspruch, also neben dem unmittelbaren Eigenbesitz auch der mittelbare Besitz und der Fremdbesitz. War der Anspruchsinhaber unmittelbarer Besitzer, kann er Herausgabe an sich verlangen. War er nur mittelbarer Besitzer, kann er gemäß §§ 1007 Abs. 3 S. 2, 986 Abs. 1 S. 2 grundsätzlich nur Herausgabe an den vorherigen unmittelbaren Besitzer verlangen. War er Mitbesitzer, kann er Einräumung von Mitbesitz oder analog §§ 1011, 432 Herausgabe an alle früheren Besitzer verlangen.

Die **praktische Bedeutung** der Ansprüche aus § 1007 ist **gering**, da meist schon ein Anspruch aus § 985 und/oder § 861 besteht. Nur § 1007 ist beispielsweise erfüllt, wenn der Anspruchsteller kein Eigentum hat bzw. dieses nicht beweisen kann und wenn § 861 mangels verbotener Eigenmacht ausscheidet.

§ 1007 Abs. 1 richtet sich gegen den Besitzer, der **bösgläubig** ist, d.h. der **bei Besitzerwerb** gewusst oder infolge grober Fahrlässigkeit (vgl. § 932 Abs. 2) nicht gewusst hat, dass er dem früheren Besitzer gegenüber **nicht zum Besitz berechtigt** ist. Der Anspruch aus § 1007 Abs. 2 besteht (auch) gegen den gutgläubigen Besitzer, wenn die Sache i.S.v. § 935 **abhanden gekommen** ist, wenn also ein früherer unmittelbarer Besitzer den Besitz unfreiwillig verloren hat.

Beide Ansprüche sind gemäß § 1007 Abs. 3 S. 1 **ausgeschlossen**, wenn der Anspruchsteller selbst bei seinem Besitzerwerb bösgläubig war oder wenn er den Besitz an der Sache aufgegeben hat (vgl. § 856). Nach §§ 1007 Abs. 3 S. 2, 986 führt auch ein Besitzrecht des Anspruchsgegners zum Ausschluss, insbesondere auch sein Eigentum. Für den Anspruch aus § 1007 Abs. 2 ergibt sich dies zudem aus § 1007 Abs. 2 S. 1 Hs. 2, welcher als weiteren Ausschlussgrund für diesen Anspruch das frühere Abhandenkommen beim Anspruchsgegner nennt.

III. Ansprüche auf Nutzungsherausgabe bzw. -ersatz aus EBV, §§ 987 ff.

Solange der Besitzer ohne Besitzrecht sich einem Anspruch aus § 985 gegenübersieht (solange also ein EBV besteht), muss er nicht nur die Sache selbst herausgeben, sondern unter Umständen auch die **Nutzungen**, die ihm die Sache beschert hat. Nutzungen in diesem Sinne sind gemäß §§ 100, 99 Abs. 1 u. 3 die Früchte und sonstigen Gebrauchsvorteile, die die Sache abwirft. Die Muttersache muss allerdings erhalten bleiben. Der **Verbrauch** der Sache ist daher **keine Nutzung**. Im Fall des Verbrauchs schuldet der bösgläubige Besitzer Schadensersatz nach §§ 989, 990.

Unmittelbare Sachfrüchte i.S.d. § 99 Abs. 1 sind: Erzeugnisse der Sache, also alle natürlichen Tier- und Bodenprodukte, sowie sonstige bestimmungsgemäße Ausbeute, d.h. dasjenige, das aus der Sache ihrer Bestimmung gemäß gewonnen wird.

Mittelbare Sachfrüchte i.S.d. § 99 Abs. 3 sind die Erträge, die mittels der Sache aufgrund eines Rechtsverhältnisses erzielt werden, z.B. ihre Vermietung an einen Dritten.

Gebrauchsvorteile i.S.d. § 100 sind die Vorteile, welche der Gebrauch der Sache gewährt, ohne dass es sich dabei um Früchte i.S.d. § 99 handelt, z.B. das Nutzen der Sache durch den Besitzer selbst.

Früchte und Gebrauchsvorteile eines Rechts sind hingegen unbeachtlich, denn an einem Recht kann kein EBV entstehen. Siehe zum weiten Nutzungsbegriff noch unten S. 17, im Rahmen des Nutzungsersatz nach Bereicherungsrecht.

Soweit die Nutzungen in Natur vorhanden sind, sind sie **herauszugeben**. Dies kann insbesondere bei den Sachfrüchten der Fall sein. Soweit die Nutzungen nicht mehr vorhanden sind oder wie bei Gebrauchsvorteilen naturgemäß nicht herausgegeben werden können, muss in Höhe des objektiven Werts **Ersatz** geleistet werden (arg. § 987 Abs. 2).

1. Anspruch gegen den verklagten Besitzer, § 987

Nutzungen, die der Besitzer ab **Rechtshängigkeit der Klage** (Zustellung an den Beklagten, § 261 Abs. 1 ZPO) **auf Herausgabe der Sache** nach § 985 zieht, muss er herausgeben. Auf vorherige Nutzungen erstreckt sich der Anspruch nicht. Auch § 167 ZPO findet keine Anwendung, da es nicht um die Wahrung einer Frist geht, sondern darum, ob der Besitzer weiß, dass gegen ihn ein Herausgabeanspruch geltend gemacht wird.

Auf den Wegfall der Bereicherung kann sich der unrechtmäßige Besitzer nicht berufen. Nach **§ 987 Abs. 2** sind sogar die Nutzungen zu ersetzen, die infolge eines Verschuldens des unrechtmäßigen Besitzers nicht gezogen worden sind.

2. Anspruch gegen den bösgläubigen Besitzer, §§ 987, 990

(Nur) das Erfordernis der **Rechtshängigkeit** des § 987 ist entbehrlich, wenn **stattdessen** der Besitzer den in § 990 Abs. 1 beschriebenen **Wissensstand** hatte, § 990 Abs. 1.

Anders als im Rahmen der §§ 932 ff. ist der **Bezugspunkt** des Wissens nicht das Eigentum, sondern das **Fehlen des Besitzrechts**. Der Eigenbesitzer kennt seine fehlende Besitzberechtigung, wenn er weiß, dass er nicht Eigentümer ist. Der Fremdbesitzer muss wissen, dass die Rechtsbeziehung, aus der er sein Besitzrecht ableitet, unwirksam ist oder ihm gar kein Besitzrecht vermittelt.

Hinsichtlich **Zeitpunkt** und **Maßstab** des Wissens ist zu unterscheiden. Das Merkmal ist erfüllt, wenn der Besitzer den Mangel seines Besitzrechts entweder **beim Erwerb** des Besitzes **kennt** oder infolge **grober Fahrlässigkeit nicht kennt** (§§ 990 Abs. 1 S. 1, 932 Abs. 2) oder aber **später** davon **Kenntnis** erlangt (§ 990 Abs. 1 S. 2).

Aufbauschema: Ansprüche aus § 987 bzw. §§ 987, 990

I. EBV im Zeitpunkt der Nutzungsziehung

II. Ziehung von Nutzungen

III. Rechtshängigkeit bzw. Bösgläubigkeit

Oft heißt es, § 990 Abs. 1 erfordere **„Bösgläubigkeit"**. Das ist wegen der von § 932 Abs. 2 abweichenden differenzierten Regelung in § 990 Abs. 1 S. 1 u. 2 aber zumindest ungenau.

Ferner muss der Wissensstand bei der **richtigen Person** vorliegen.

- § 990 Abs. 1 nennt den **Besitzer** selbst.
- Dem unrechtmäßigen Besitzer wird zudem der Wissensstand seines **Besitzdieners** nach h.M. analog § 166 Abs. 1 zugerechnet (a.A. Zurechnung nach § 831 analog mit Exkulpationsmöglichkeit).
- Wenn der gesetzliche Vertreter den Besitzerwerb für den **Minderjährigen** vollzieht, dann wird der Wissensstand des Vertreters dem Minderjährigen zugerechnet. Hat der Minderjährige selbst gehandelt, ist nach h.M. zu differenzieren: Muss der wegen der Minderjährigkeit **unwirksame Vertrag rückabgewickelt** werden, ist wegen des Minderjährigenschutzes nach §§ 107 ff. der Wissensstand des **gesetzlichen Vertreters** maßgebend. Hat der Minderjährige sich hingegen den Besitz durch **unerlaubte Handlung** verschafft, so gilt **§ 828 analog**.
- Einem **Erben** wird der Wissensstand des Erblassers zugerechnet, da er gemäß **§ 857** in dessen besitzrechtliche Stellung einrückt. Sobald der Erbe allerdings die tatsächliche Sachherrschaft selbst erlangt, kommt es auf den Wissensstand des Erben an.
- **Juristische Personen** und **besitzfähige Personengesellschaften** sind selbst Besitzer. Das die Sachherrschaft ausübende Organ hat – wie der Besitzdiener – keinen eigenen Besitz (Organbesitz der Gesellschaft). Gleichwohl kommt es **analog § 31** auf den Wissensstand des Organs an.

3. Anspruch gegen den redlichen, aber unentgeltlichen (oder rechtsgrundlosen) Besitzer, § 988

Dem Eigentümer steht **auch gegen den redlichen Besitzer** ein Bereicherungsanspruch hinsichtlich der von ihm gezogenen Nutzungen zu, wenn der Besitzer den Besitz unentgeltlich erlangt hat. Ebenso besteht der Anspruch erst recht **gegen den deliktischen Besitzer**, denn auch der Dieb erlangt seinen Besitz ohne Rechtsgrund.

Umstritten ist, ob auch der **rechtsgrundlose** Besitzer Nutzungen nach § 988 herausgeben muss. Der Streit steht im Zusammenhang mit der Frage, ob derartige Nutzungen auch aus **Bereicherungsrecht** herauszugeben sind oder ob die §§ 987 ff. auch insoweit, wie von § 993 Abs. 1 Hs. 2 eigentlich eindeutig angeordnet, eine abschließende Sonderregelung enthalten.

- Die **Rspr. und Teile der Lit.** sehen §§ 987 ff. für Nutzungen ausnahmslos als **erschöpfende Regelungen** auch für die Nutzungsherausgabe an, sodass eine Anwendung des Bereicherungsrechts vollständig ausgeschlossen sei. Dafür wenden sie § 988, nach dem der unentgeltliche Besitzer Nutzungen herausgeben muss, auf den rechtsgrundlosen Besitzer analog an.
- Die **h.Lit.** hält die §§ 987 ff. insofern nicht für abschließend, soweit es um die Rückabwicklung fehlgeschlagener Verträge geht, d.h. die **Leistungskondiktion** ist dann neben den §§ 987 ff. unmittelbar anwendbar. Der Besitzer dürfe im Falle der Nichtigkeit von Verfügungs- und Verpflichtungsgeschäft (Doppelnichtigkeit) nicht schlechter stehen, als im Fall nur der Nichtigkeit des Verpflichtungsgeschäftes, in dem die §§ 987 ff. nicht eingreifen und daher das Bereicherungsrecht nicht verdrängen.

4. Anspruch gegen den bösgläubigen, für einen Dritten besitzenden Fremdbesitzer, § 991 Abs. 1

Der bösgläubige Fremdbesitzer, der für einen Dritten besitzt, haftet auf Herausgabe von Nutzungen nur, **wenn auch der mittelbare Besitzer bösgläubig oder verklagt ist**.

Der **Sinn und Zweck** des § 991 Abs. 1 besteht darin, **den redlichen mittelbaren Besitzer** zu schützen. Der unverklagte und gutgläubige, nicht nach §§ 987, 990 Haftende

Beispiel: K erwirbt von V ein Auto.
1. Kauf nichtig, Übereignung wirksam: K hat Eigentum ohne Rechtsgrund erlangt. Unstreitig kein sperrendes EBV, daher schuldet K dem V nach §§ 812 ff. Nutzungsersatz.
2. Kauf und Übereignung nichtig: V bleibt Eigentümer und ohne Kaufvertrag hat K kein Besitzrecht. Also besteht ein EBV, jedoch hat V aus den §§ 987, 990 keinen Anspruch, soweit K unverklagt und gutgläubig ist. § 988 scheitert daran, dass K als Käufer den Besitz nicht unentgeltlich erlangt hat. Die §§ 812 ff. sind gemäß § 993 Abs. 1 Hs. 2 gesperrt. Nach dem Wortlaut des Gesetzes hätte V also keinerlei Anspruch, obwohl „sogar" beide Geschäfte nichtig sind.
Beide Ansichten sprechen V aber einen Anspruch zu. **Unterschiedliche Ergebnisse** können sich wegen des Vorrangs der Leistungskondiktion in Mehrpersonenverhältnissen ergeben.

soll auch dann nicht haften, wenn er die zunächst von ihm besessene Sache einem bösgläubigen Dritten zur Nutzung überlässt. Gäbe es die Vorschrift des § 991 Abs. 1 nicht, dann würde der bösgläubige Dritte als unmittelbare Besitzer dem Eigentümer aus §§ 987, 990 haften, könnte aber regelmäßig nach §§ 280 ff. **bei dem redlichen mittelbaren Besitzer Regress nehmen**, sodass dessen Schutz letztlich umgangen würde.

5. Anspruch hinsichtlich der Übermaßfrüchte, § 993 Abs. 1 Hs. 1

Der Eigentümer kann auch von einem gutgläubigen Besitzer die Übermaßfrüchte nach § 993 Abs. 1 Hs. 1 herausverlangen. Das sind solche Nutzungen in Form von Früchten (§§ 100, 99 Abs. 1), bei deren Ziehung **die Muttersache beschädigt oder zerstört** wird. Das übliche Melken einer Kuh ist z.B. normale Fruchtziehung, das extensive Melken auf Kosten der Gesundheit und der Lebenserwartung der Kuh stellt eine Übermaßfrucht dar.

E. Deliktische Ansprüche

Die Ersatzfähigkeit von Schäden, die nach den §§ 823 ff. zu ersetzen sind, richtet sich nach den §§ 249 ff. Dementsprechend kann auch der Schuldner deliktischer Ansprüche (dazu ausführlich unten Teil 2) – ebenso wie der Schuldner des Anspruchs aus § 280 Abs. 1 (s.o.) – nach dem **Grundsatz der Naturalrestitution** (§ 249 Abs. 1) zur Herausgabe verpflichtet sein.

Beispiel: Der Dieb hat dem Eigentümer die Sache nicht nur nach § 985, § 861 Abs. 1, § 1007 Abs. 1 und § 1007 Abs. 2 sowie § 812 Abs. 1 S. 1 Alt. 2, sondern auch nach § 823 Abs. 1, § 823 Abs. 2 i.V.m. § 858/§ 242 StGB und § 826 herauszugeben.

Wird einem Besitzer, der nicht zugleich Eigentümer der Sache ist, der Besitz entzogen, stellt sich die Frage, ob der **Besitz als „sonstiges Recht"** i.S.v. § 823 Abs. 1 einen deliktischen Herausgabeanspruch vermittelt. Jedenfalls für den objektiv berechtigten Besitz ist dies zu bejahen, und zwar unabhängig davon, ob es sich um unmittelbaren oder mittelbaren (Mit-)Besitz handelt; für den mittelbaren Besitzer gilt dies jedoch mit der Einschränkung, dass er gegenüber seinem Besitzmittler nicht geschützt ist (vgl. § 869). Der objektiv unberechtigte Besitz stellt hingegen kein sonstiges Recht dar, und zwar nach h.M. auch dann nicht, wenn der objektiv unberechtigte Besitzer den Besitz entgeltlich erlangt hat und subjektiv redlich sowie unverklagt ist.

Nach h.M. stellt **§ 858 ein Schutzgesetz i.S.v. § 823 Abs. 2** dar, weil die Vorschrift auch den Schutz einzelner bezweckt.

Die **Gegenauffassung** sieht auch den entgeltlich erlangten, unberechtigten Besitz des redlichen und unverklagten Besitzers als sonstiges Recht i.S.v. § 823 Abs. 1 an und begründet dies damit, dass der Besitzer dann gem. §§ 987, 990 Abs. 1, 993 Abs. 1 Hs. 2 sogar im Verhältnis zum Eigentümer die gezogenen Nutzungen behalten darf.

F. Bereicherungsrechtliche Ansprüche

Neben den Ansprüchen aus § 346 (i.V.m. § 437 Nr. 2 Alt. 1) und § 985 ergeben sich die klausurrelevantesten Herausgabeansprüche aus dem Bereicherungsrecht. Die §§ 812 ff. sehen jeweils fünf Tatbestände der Leistungskondiktion und der Nichtleistungskondiktion vor. Im Verhältnis zur Leistungskondiktion ist die Nichtleistungskondiktion grundsätzlich subsidiär. Im Unterschied zum Schadensersatzrecht ist das Bereicherungsrecht nicht darauf gerichtet, Nachteile zu ersetzen, es soll lediglich **ungerechtfertigt zugeflossene Vorteile** abschöpfen.

Leistungskondiktionen	Nichtleistungskondiktionen
§ 812 Abs. 1 S. 1 Alt. 1	§ 812 Abs. 1 S. 1 Alt. 2
§ 812 Abs. 1 S. 2 Alt. 1	§ 816 Abs. 1 S. 1
§ 812 Abs. 1 S. 2 Alt. 2	§ 816 Abs. 1 S. 2
§ 817 S. 1	§ 816 Abs. 2
§ 813 Abs. 1 S. 1	§ 822

Das Gesetz enthält eine Vielzahl von Verweisen auf das Bereicherungsrecht. Dabei stellt sich stets die Frage, ob es sich um einen **Rechtsgrund- oder Rechtsfolgenverweis** handelt. Dies lässt sich selten ohne Weiteres aus dem Wortlaut der Vorschriften entnehmen und ist zudem oftmals streitig. Nach ganz h.M. spricht jedoch eine grundsätzliche Vermutung für das Vorliegen eines Rechtsfolgenverweises. Relevant sind insb.:

- § 531 (h.M.: Rechtsgrundverweis)
- § 684 (Rechtsfolgenverweis)
- § 852 (h.M.: Rechtsgrundverweis)
- § 951 (h.M.: Rechtsgrundverweis)
- § 988 (Rechtsfolgenverweis)

I. Anwendbarkeit der §§ 812 ff.

Vertragliche **Erfüllungs-** und **Rückabwicklungsansprüche** (bei Rücktritt oder Widerruf) sowie die Abwicklung nach § 313 haben Vorrang vor der bereicherungsrechtlichen Rückabwicklung. Gleiches gilt für die **Sachmängelgewährleistung** (z.B. §§ 437, 634).

Die **berechtigte GoA** ist **Rechtsgrund** i.S.d. § 812 Abs. 1, sodass Ansprüche aus den §§ 812 ff. ausscheiden, wenn die Voraussetzungen der §§ 677, 683 vorliegen. Anderes gilt nur, wenn ein nicht voll Geschäftsfähiger handelt. Hier ordnet § 682 als Rechtsgrundverweis (h.M.) die Geltung der §§ 812 ff. an.

Umstritten ist, ob bei **nichtigen Verträgen**, die auf eine Geschäftsführung gerichtet sind (Dienst-, Werk- oder Geschäftsbesorgungsverträge), die §§ 677 ff. oder die §§ 812 ff. anwendbar sind.

- Nach Ansicht der **Rspr.** gelten die **§§ 677 ff. auch für nichtige Verträge**. Derjenige, der aufgrund eines nichtigen Vertrages tätig ist, soll nicht schlechter stehen als derjenige, der gänzlich ohne Berechtigung tätig ist.
- Dagegen gelten nach **h.L.** die **GoA-Regeln nicht** wegen der **Gefahr der Aushöhlung der §§ 814, 817, 818 Abs. 3**.

Nach ganz h.M. schließen die **§§ 987 ff. als Sondervorschriften** eine Anwendung der Nichtleistungskondiktion aus. Nicht in den §§ 987 ff. geregelt und mithin nicht ausgeschlossen sind Ansprüche wegen Veräußerung, Verbrauch oder Verarbeitung der Sache. Der Eigentümer kann daher z.B. bei Veräußerung durch den unrechtmäßigen Besitzer Ansprüche aus § 816 Abs. 1 haben. Außerdem schließen die §§ 987 ff. nach h.M die Anwendung der Leistungskondiktion grundsätzlich aus. Eine Ausnahme gilt für Ansprüche gegen den nicht mehr zum Besitz berechtigten Besitzer.

II. Leistungskondiktionen

Alle fünf Leistungskondiktionen haben gemein, dass der Anspruchssteller aus Sicht des Anspruchsgegners geleistet hat.

1. Anspruch aus § 812 Abs. 1 S. 1 Alt. 1

a) Etwas erlangt

Der Bereicherungsschuldner muss zunächst etwas erlangt haben. Darunter fällt allgemein **jeder vermögenswerte Vorteil**.

Beispiele: Eigentum, beschränkt dingliche Rechte (Hypothek, Grundschuld, Anwartschaftsrecht), übertragbare Mitgliedschaftsrechte, Forderungen

Umstritten ist, ob der erlangte Vorteil Vermögenswert haben muss. Nach der Rspr. muss der Vorteil **geldwert** sein; das ergebe sich u.a. aus der Wertersatzregelung in § 818 Abs. 2. Demnach soll z.B. eine schriftliche Ehrenerklärung nicht kondizierbar sein. Nach h.L. kommt dagegen **jeder beliebige Vorteil** in Betracht, also etwa auch ein persönlicher Liebesbrief.

Der Vorteil kann ebenso in der **Befreiung von** einer **Verbindlichkeit** oder in dem Nichtentstehen einer Last bestehen.

Beispiele: Zahlung auf fremde Schuld (§267), Schulderlass (§ 397)

Der BGH stellt bei **Gebrauchsvorteilen** und **Dienstleistungen** darauf ab, ob Aufwendungen für diese Vorteile oder Leistungen dem Bereicherungsschuldner erspart geblieben sind.

Beispiele: Gebrauchs- oder Nutzungsmöglichkeit an Sachen oder Rechten; die Tätigkeit für einen anderen aufgrund eines vermeintlichen Dienst- oder Werkvertrags

Systematisch konsequenter ist es jedoch, das **Erlangte in** dem **Vorteil oder** der **Dienstleistung selbst** zu sehen und die Ersparnis von Aufwendungen sowie eine etwaige Entreicherung erst im Rahmen des § 818 zu behandeln.

Aufbauschema: Anspruch aus § 812 Abs. 1 S. 1 Alt. 1

I. Etwas erlangt

II. Durch Leistung

III. Ohne Rechtsgrund

IV. Kein Ausschluss
- **§ 814:** Kenntnis der Nichtschuld; Anstandspflicht
- **§ 817 S. 2 analog:** Gesetzes- oder Sittenverstoß des Leistenden

V. Rechtsfolgen:
- **§ 812:** Herausgabe des Erlangten
- **§ 818 Abs. 1:** Nutzungen und Surrogate
- **§ 818 Abs. 2:** Bei Unmöglichkeit der Herausgabe, (objektiver) Wertersatz
- **§ 818 Abs. 3:** Wegfall der Bereicherung
- **§ 818 Abs. 4:** Verschärfte Haftung

b) Durch Leistung

Leistung i.S.d. § 812 Abs. 1 S. 1 Alt. 1 ist jede **bewusste** und **zweckgerichtete Mehrung fremden Vermögens**. Bei dem Anspruch aus § 812 Abs. 1 S.1 Alt. 1 ist der Leistungszweck die Erfüllung einer Verbindlichkeit.

Die bewusste Mehrung erfordert eine willentliche Verursachung. Dazu genügt ein rein tatsächliches Bewusstsein, das **keine Willenserklärung** ist, sodass die §§ 104 ff. nicht gelten. Umstritten ist, wie konkret das Bewusstsein sein muss **(Flugreisefall)**. Während der **Rspr.** für die Annahme einer Leistung ein **genereller Leistungswille** ausreicht (im Flugreisefall leistet die Airline auch an den blinden Passagier), verlangt die **Lit.** ein **ganz konkretes Leistungsbewusstsein** (Airline will nur den befördern, der gebucht hat).

Zu dem bewussten Handeln des Bereicherungsgläubigers muss nach h.M. ein finales Element, nämlich die sog. **Zweckbestimmung** kommen. Erst diese macht eine willentliche Zuwendung zu einer Leistung i.S.d. Bereicherungsrechts. Sie eröffnet dem Schuldner bei mehreren Verbindlichkeiten auch gemäß § 366 Abs. 1 die Möglichkeit, zu bestimmen, auf welches von mehreren Schuldverhältnissen zwischen den Parteien sich die Leistung beziehen, d.h., welches getilgt werden soll.

Vor allem in Mehrpersonenverhältnissen (dazu ausführlich AS-Skript Schuldrecht BT 3 [2017], Rn. 233 ff.) kann die Frage virulent werden, aus welcher Perspektive das Vorliegen einer Leistung zu bestimmen ist. Nach h.M. ist dies **aus Sicht des verobjektivierten Empfängers** zu beurteilen (Arg: §§ 133, 157 enthalten einen allgemeinen Rechtsgedanken; Zwecksetzung erfolgt für Empfänger, also muss er erkennen können, dass für ihn geleistet wird).

c) Ohne Rechtsgrund

Im Rahmen der Leistungskondiktion bedeutet **Rechtsgrundlosigkeit**, dass der Leistende den mit der Leistung verfolgten Zweck nicht erreicht. Bei § 812 Abs. 1 S. 1 Alt. 1 besteht der Zweck in der Erfüllung einer Verbindlichkeit, sodass die Leistung ohne rechtlichen Grund erfolgt, wenn dieser Zweck nicht erreicht wird.

Häufigster Fall ist die Zweckverfehlung wegen **Nichtbestehens einer Verbindlichkeit**. Der Grund für das Nichtbestehen kann z.B. darauf beruhen, dass

- zwischen den Parteien **keine Einigung** erzielt worden ist oder

- **Nichtigkeitsgründe** eingreifen, z.B. mangelnde Geschäftsfähigkeit (§§ 104 ff.), Formmangel (§ 125), Sittenwidrigkeit (§138), wirksame Anfechtung (§ 142).

Die Leistungskondiktion aus § 812 Abs. 1 S.1 Alt. 1 greift aber auch dann ein, wenn der **Zweck aus anderen Gründen verfehlt** wird. So muss etwa der **nicht voll geschäftsfähige Gläubiger**, der ohne Einverständnis seines gesetzlichen Vertreters die geschuldete Leistung entgegennimmt, diese gemäß § 812 Abs. 1 S.1 Alt. 1 zurückgeben, da zwar die zu erfüllende Verbindlichkeit bestand, aber die Erfüllungswirkung nach der herrschenden Theorie der realen Leistungsbewirkung nicht eingetreten ist, weil die **Empfangszuständigkeit fehlt**.

d) Ausschlussgründe

aa) Nach **§ 814** kann die zur Tilgung einer Verbindlichkeit erbrachte Leistung nicht zurückgefordert werden, wenn der Leistende gewusst hat, dass er zur Leistung nicht verpflichtet war (§ 814 Alt. 1) oder die Leistung einer Sitten- oder Anstandspflicht (§ 814 Alt. 2) entsprach.

Feststellung einer Leistung:
- **Schritt 1:** Bewusste Vermehrung fremden Vermögens
- **Schritt 2:** Zweckbestimmung

Umstritten ist, ob die für den Leistungsbegriff erforderliche Zweckbestimmung **rechtsgeschäftlicher oder rein tatsächlicher Natur** ist. Dies ist entscheidend für die Frage, ob eine nicht voll geschäftsfähige Person eine Leistung i.S.d. § 812 erbringen kann. Allerdings hat diese Streitfrage im Zwei-Personen-Verhältnis keine praktische Bedeutung. Wenn man davon ausgeht, dass der nicht voll Geschäftsfähige keine Leistung erbringen kann und damit eine Leistungskondiktion ausscheidet, ergibt sich der Anspruch nämlich aus einer Nichtleistungskondiktion (§ 812 Abs. 1 S. 1 Alt. 2).

§ 814 ist eine rechtshindernde Einwendung (Prüfung im Rahmen von „Anspruch entstanden").

Dass der Leistende weiß, dass er aufgrund der Rechtslage nichts schuldet, ist bei der Leistungskondiktion nur denkbar in den Fällen des § 812 Abs. 1 S. 1 Alt. 1 und des § 813. § 814 gilt also nicht für alle Leistungskondiktionen. Auf die Nichtleistungskondiktion findet § 814 ebenfalls keine Anwendung.

Für die Analogie streitet ein „Erst-recht-Schluss": Wenn im Rahmen des § 817 der Leistende auch von einem selbst sittenwidrig handelnden Empfänger die Leistung nicht zurückfordern kann, darf er dies erst recht nicht ggü. einem Empfänger, der selbst nicht sittenwidrig handelt. Anderenfalls würde § 817 S. 2 auch durch § 812 Abs. 1 S. 1 Alt. 1 umgangen, da ein beiderseitiger Sittenverstoß gemäß § 138 zur Nichtigkeit des Grundgeschäfts und damit zu einem Anspruch aus § 812 Abs. 1 S.1 Alt. 1 führt.

Für den Ausschlussgrund gemäß **§ 814 Alt. 1** (Kenntnis der Nichtschuld) ist es nicht ausreichend, dass der Leistende an seiner Leistungspflicht nur gezweifelt hat. Es genügt ferner nicht, dass der Leistende nur die Umstände kennt, die ihn zur Verweigerung der Leistung berechtigen, sondern er **muss wissen**, dass er nach der Rechtslage **nichts schuldet**.

Die Voraussetzungen des **§ 814 Alt. 2** sind **rein objektiv** zu bestimmen, auf die Kenntnis der konkret Beteiligten von den die Sitten- oder Anstandspflicht begründenden Umständen kommt es nicht an.

Beispiel: Die Gewährung eines angemessenen Trinkgeldes entspricht einer allgemeinen Anstandspflicht und kann daher nicht kondiziert werden.

bb) Dem Wortlaut nach bezieht sich der **Ausschluss nach § 817 S. 2** nur auf § 817 S. 1. Anerkannt ist jedoch, dass § 817 S. 2 für die übrigen Fälle der Leistungskondiktion analog gilt, also etwa auch dann, wenn der Empfänger selbst nicht sittenwidrig handelt. Eine analoge Anwendung auf die Nichtleistungskondiktion scheidet dagegen aus.

Voraussetzung ist zunächst, dass ein **objektiver Verstoß** gegen ein Verbotsgesetz oder die guten Sitten vorliegt.

Beispiele: Verstoß gegen § 134 (z.B. wegen Verstoßes gegen das SchwarzArbG) oder §138 (etwa wegen Wucher)

Wegen der einschneidenden Wirkung der Vorschrift muss nach h.M. darüber hinaus noch ein **subjektives Element** hinzukommen. Der Leistende muss sich des Gesetzes- oder Sittenverstoßes **bewusst** sein **oder** sich dieser Einsicht **leichtfertig verschlossen** haben.

Sind die Voraussetzungen des § 817 S. 2 gegeben, ist die Rückforderung des Erlangten ausgeschlossen. Erforderlich ist dabei eine genaue Definition der Leistung, um den **Umfang des Ausschlusses** zu bestimmen. Besteht die Leistung in der vorübergehenden Überlassung einer Sache oder eines Gelddarlehens, so schließt § 817 S. 2 nicht die Rückforderung als solche aus, sondern **nur** die **vorzeitige Rückforderung**.

Beispiel: Ist ein Darlehensvertrag (Laufzeit: 60 Monate) wegen der Zinshöhe nichtig, ist § 817 S. 2 beim Anspruch der Bank (B) gegen den Darlehensnehmer (D) aus § 812 Abs. 1 S. 1 Alt. 1 zu beachten; Rechtsfolge ist, dass die erbrachte Leistung, die endgültig in dem Vermögen des Empfängers verbleiben sollte, nicht zurückgefordert werden kann. Da B den Darlehensbetrag nicht endgültig dem D überlassen wollte, greift insoweit § 817 S. 2 nicht ein. Leistung i.S.d. § 817 S. 2 ist nämlich nicht die Übereignung des Geldes auf Dauer, sondern die **Kapitalüberlassung auf Zeit**. Ausgeschlossen ist daher nur die Rückforderung der Kapitalnutzung. Mithin muss B dem D das Kapital für die – unwirksam – vereinbarte Laufzeit von 60 Monaten überlassen und kann insoweit auch keinen Wertersatz i.H.d. marktüblichen Zinses verlangen.

In bestimmten Fällen ist zu erörtern, ob **§ 817 S. 2** im Hinblick auf den Zweck des Verbotsgesetzes nach **§ 242** **einschränkend auszulegen** ist, sodass die Kondiktion der Leistung dann ausnahmsweise nicht ausgeschlossen ist.

Beispiel: Beim beiderseitigen Verstoß gegen das **SchwarzArbG** versagt der BGH (RÜ 2014, 409) die einschränkende Auslegung des § 817 S. 2, da die Schwarzarbeit insbesondere in der Form der **Ohne-Rechnung-Abrede** stark zugenommen hat.

e) Rechtsfolgen

Die Ausführungen zu den Rechtsfolgen gelten nicht nur für die Kondiktion aus § 812 Abs. 1 S. 1 Alt. 1, sondern **grundsätzlich für alle bereicherungsrechtlichen Ansprüche**. Auf Besonderheiten hinsichtlich der Rechtsfolgen wird im Zusammenhang mit der jeweiligen Kondiktion hingewiesen.

Die möglichen Rechtsfolgen eines bereicherungsrechtlichen Anspruchs lassen sich in fünf (gedankliche) Prüfungsschritte einteilen (vgl. Poster).

aa) Nach **§§ 812 Abs. 1 S. 1, 818 Abs. 1** muss der Empfänger zunächst den **Bereicherungsgegenstand selbst** herausgeben.

Beispiel: Hat der Schuldner Eigentum an einer beweglichen Sache erlangt, so ist er zur Rückübereignung auf einem in §§ 929 ff. vorgesehen Weg verpflichtet.

bb) Außerdem erstreckt sich gemäß **§ 818 Abs. 1** die Herausgabepflicht **auch** auf **Nutzungen** und **Surrogate**.

Gemäß **§ 100** sind **Nutzungen** die Früchte einer Sache oder eines Rechts sowie die Gebrauchsvorteile (z.B. Bewohnen eines Hauses). Nach h.M. sind gemäß § 818 Abs. 1 nur **tatsächlich gezogene Nutzungen** herauszugeben.

S. zum **Nutzungsbegriff** auch oben S. 11.

Beispiele: Gezogene Nutzungen von erlangtem Geld sind die erzielten Zinsen; gleiches gilt für die erzielten Erträge eines Grundstücks oder eines Betriebes.

Nach h.M. sind auch **ersparte Darlehenszinsen** als gezogene Nutzungen i.S.d. § 818 Abs. 1 anzusehen. Bei wirtschaftlicher Betrachtungsweise liegt nämlich kein Unterschied darin, ob der Bereicherungsschuldner das erlangte Geld zinsbringend anlegt und damit sein Vermögen vermehrt oder ob er eine Verminderung des Vermögens vermeidet, indem er eine eigene verzinsliche Schuld ablöst.

Surrogate sind die durch die **bestimmungsgemäße Ausübung** eines Rechtes erlangten Gegenstände sowie der Ersatz für die Zerstörung, Beschädigung oder Entziehung des erlangten Gegenstandes.

Der **Veräußerungserlös** ist kein Surrogat i.S.d. § 818 Abs. 1 Hs. 2, da er nicht anlässlich der bestimmungsgemäßen Ausübung des Eigentumsrechts, sondern aufgrund eines selbstständigen Rechtsgeschäfts mit dem Erwerber erlangt worden ist.

Beispiele: Bei Beschädigung oder Abhandenkommen einer Sache die Versicherungssumme; ein Anspruch gegen den Schädiger aus § 823

cc) Soweit die **Herausgabe** des Bereicherungsgegenstands selbst, seine Nutzung oder ein Surrogat wegen der Beschaffenheit des Erlangten **nicht möglich** oder der Bereicherungsschuldner aus einem anderen Grunde zur Herausgabe außerstande ist, hat er gemäß § 818 Abs. 2 den **Wert zu ersetzen**.

Beispiele: Dienstleistungen, Beförderungen (Flugreise) oder Gebrauchsvorteile einer Wohnung können wegen ihrer „Beschaffenheit" nicht herausgegeben werden. Gleiches gilt für die mit einem Kfz gefahrenen Kilometer als tatsächlich gezogene Nutzung.

Ist dem Bereicherungsschuldner die Herausgabe des Erlangten unmöglich, weil er den Gegenstand oder das Recht **an einen Dritten veräußert** hat, ist zu differenzieren: Hat er über Wert veräußert, kann er den Veräußerungsgewinn im Rahmen der §§ 812, 818 Abs. 2 behalten, da dieser allein seinem eigenen Einsatz entstammt. Zu ersetzen ist allein der objektive Verkehrswert (anders bei § 816 Abs. 1 S. 1). Bei Unterwertveräußerung ist ebenfalls der objektive Verkehrswert zu ersetzen, indes steht dem Schuldner die Berufung auf § 818 Abs. 3 zu.

dd) § 818 Abs. 3 regelt den **Wegfall der Bereicherung**. Danach ist die Pflicht zur Herausgabe oder zum Wertersatz ausgeschlossen, soweit der Empfänger „nicht mehr" bereichert ist. Ist die herauszugebende **Sache beschädigt oder zerstört**, ohne dass der Empfänger dafür einen Ersatz erlangt hat, so ist er nicht mehr bereichert, unabhängig davon, ob er schuldhaft gehandelt hat.

Dass der Leistende das Risiko der Verschlechterung oder des Untergangs trägt, gilt **nur bei einseitigen Verträgen bzw. bei Vorleistung**. Ist es bei gegenseitigen Verträgen zu einem Leistungsaustausch gekommen, so greifen nach h.M. die Besonderheiten der **Saldotheorie** (vgl. ausführlich AS-Skript Schuldrecht BT 3 [2017], Rn. 156 ff.). Danach ist u.a. die Wertminderung der Sache als Abzugsposten bei der Gegenleistung zu berücksichtigen.

Beispiele: Blitzschlag zerstört die herauszugebende und nicht versicherte Maschine.

Wird die herauszugebende **Sache** (insbesondere Geld) **verbraucht**, besteht eine Bereicherung nur insoweit fort, als der Empfänger sich damit noch vorhandene Vermögensvorteile geschaffen hat, wie z.B. anderweitige Ersparnisse, Anschaffungen oder die Tilgung eigener Schulden.

Beispiel: Ein von B bei Händler H bestellter Blumenstrauß wird versehentlich an A geliefert. A hält sich für beschenkt und genießt den Strauß bis er welk ist und A ihn wegwirft. Durch Dereliktion i.S.v. § 959 ist A entreichert und kann dies dem Wertersatzanspruch des H aus §§ 812 Abs. 1 S. 1 Alt. 1, 818 Abs. 2 entgegenhalten.

§ 818 Abs. 3 greift indes nicht ein, wenn der Bereicherungsschuldner eigene **Aufwendungen erspart** hat. In diesem Fall ist der Wert der Bereicherung noch im Vermögen des Schuldners vorhanden. So, wenn im obigen Beispiel A ohnehin Blumen gekauft hätte oder mit erlangtem Geld der Lebensunterhalt finanziert wird. Eine Grenze findet der Grundsatz der ersparten Aufwendungen im Rahmen von **Luxusleistungen**. Beim (gutgläubigen) Verbrauch solcher findet § 818 Abs. 3 ohne Weiteres Anwendung.

§ 818 Abs. 3 ist **keine Anspruchsgrundlage**, sondern gewährt dem Empfänger nur das Recht, dass gleichartige abzugsfähige Posten mit dem Kondiktionsanspruch verrechnet werden oder anderenfalls die Herausgabe solange zu verweigern, bis ihm die Nachteile ersetzt sind (Zurückbehaltungsrecht gemäß § 273, d.h. Erfüllung Zug um Zug gegen Einbußenausgleich).

Bei den übrigen **Vermögensnachteilen** gilt es zu differenzieren:

- Zu den Nachteilen, die dem Empfänger mit dem Bereicherungsvorgang entstehen und als Abzugsposten zu berücksichtigen sind, gehören unstreitig **Aufwendungen** (Vertragskosten, Verwendungen), die er im Vertrauen auf den Bestand der Bereicherung gemacht hat.

- **Schäden**, die durch den Bereicherungsgegenstand entstanden sind, werden dagegen nach ganz h.M. **nicht berücksichtigt.**

  Beispiel: V verkauft dem K einen Hund. Der Hund beschädigt den Teppich des K. Nunmehr stellt sich heraus, dass der Kaufvertrag nichtig ist. Die Schäden am Teppich – also an anderen Rechtsgütern des Empfängers – können nicht als Wegfall der Bereicherung berücksichtigt werden. Sie sind nur unter den Voraussetzungen der §§ 280, 241 Abs. 2 oder der §§ 823 ff. auszugleichen.

ee) Verschärfte Haftung

Die Privilegierung des Bereicherungsschuldners gegenüber anderen Schuldnern ist nicht gerechtfertigt, wenn er mit der Herausgabe rechnen musste. Er haftet dann nach den allgemeinen Vorschriften, also verschärft.

(1) Nach **§ 818 Abs. 4** haftet der Empfänger verschärft, wenn die **Klage** des Bereicherungsgläubigers gegen ihn **rechtshängig** ist.

(2) § 819 Abs. 1 stellt die Rechtshängigkeit dem Fall gleich, dass der Empfänger den Mangel des rechtlichen Grundes bei Empfang kennt oder später davon erfährt, er also **bösgläubig** ist.

(3) Nach **§ 819 Abs. 2** greift die verschärfte Haftung auch ein, wenn der Empfänger durch die Annahme der Leistung gegen ein **gesetzliches Verbot** oder **gegen die guten Sitten** verstößt.

(4) Gleiches gilt, wenn der **Erfolgseintritt ungewiss** war, **§ 820 Abs. 1 S. 1** (Fall des § 812 Abs. 1 S. 2 Alt. 2) oder wenn der nachträgliche Wegfall des Rechtsgrundes nach dem Inhalt des Rechtsgeschäftes als möglich angesehen wurde, **§ 820 Abs. 1 S. 2** (Fall des § 812 Abs. 1 S. 2 Alt. 1).

(5) Als **Rechtsfolge** der verschärften Haftung kann sich der Bereicherungsschuldner u.a. **nicht mehr auf** den **Wegfall der Bereicherung berufen.** Er **haftet** nach § 818 Abs. 4 (Rechtsgrundverweis) **nach den „allgemeinen Vorschriften".** Dazu zählen unstreitig diejenigen, die Rechtshängigkeit voraussetzen. Der Bereicherungsgläubiger hat daher z.B. einen Anspruch auf Herausgabe der **Nutzungen**, §§ 292 Abs. 2, 987.

Nach h.M. sind jedoch über den Verweis in § 818 Abs. 4 nicht nur die Vorschriften, die Rechtshängigkeit voraussetzen anwendbar, sondern auch das **allgemeine Leistungsstörungsrecht** (§§ 275 ff.). Der verschärft haftende Bereicherungsschuldner soll nämlich nicht besser stehen als jeder andere Schuldner. Er haftet mithin z.B. nach **§ 285** auf Herausgabe des **Surrogats** und muss somit auch den bei einer Weiterveräußerung erzielten Gewinn herausgeben.

2. Anspruch aus § 812 Abs. 1 S. 2 Alt. 1

Der Begriff des rechtlichen Grundes ist derselbe wie in § 812 Abs. 1 S. 1 Alt. 1. **Leistungszweck** muss daher auch bei § 812 Abs. 1 S. 2 Alt. 1 die **Erfüllung einer Verbindlichkeit** sein. Dabei bestand die zu erfüllende Verbindlichkeit zunächst, ist dann aber „später", also **nach der Leistung weggefallen.**

Beispiel: Versicherung (V) hat in Erfüllung ihrer Vertragspflicht wegen eines Diebstahls die **Versicherungssumme** ausgezahlt. Wird die **gestohlene Sache wiedergefunden**, so kann die V die Versicherungssumme nach § 812 Abs. 1 S. 2 Alt. 1 zurückverlangen.

Nicht unter § 812 Abs. 1 S. 2 Alt. 1 fällt dagegen die **Anfechtung:** Hier ist nach h.M. vielmehr **§ 812 Abs. 1 S. 1 Alt. 1 einschlägig**, da gemäß § 142 Abs. 1 das

---

Die **Rechtshängigkeit** tritt ein mit Zustellung der Klage an den Beklagten (§§ 261 Abs. 1, 253 Abs. 1 ZPO). Im Mahnverfahren ist § 696 Abs. 3 ZPO zu beachten.

Der **Wortlaut** des § 818 Abs. 4 ist insofern unergiebig, da nur auf die allgemeinen Vorschriften verwiesen wird. Aus dem **Zweck** der Haftungsverschärfung wird jedoch abgeleitet, dass der Bereicherungsschuldner sich (nur) nicht mehr auf § 818 Abs. 3 berufen können soll, die **Wertersatzpflicht** gemäß § 818 Abs. 2 **als solche aber weiterhin besteht.**

Aufbauschema: Anspruch aus § 812 Abs. 1 S. 2 Alt. 1

I. **Etwas erlangt**

II. **Durch Leistung**

III. **Wegfall des Rechtsgrunds**

IV. **Kein Ausschluss** (§ 817 S. 2 analog)

V. **Rechtsfolgen**

Rechtsgeschäft rückwirkend (ex tunc) erlischt und deshalb nicht nachträglich, sondern von Anfang an als nichtig anzusehen ist.

3. Anspruch aus § 812 Abs. 1 S. 2 Alt. 2

Im Rahmen des § 812 Abs. 1 S. 2 Alt. 2 darf der Zweck der Leistung gerade **nicht in der Erfüllung einer Verbindlichkeit** bestehen. Erfasst werden vielmehr Fälle, in denen der Empfänger zu einem **nicht geschuldeten Verhalten** veranlasst werden soll.

Beispiele:

- Jemand erbringt Leistungen in einer von ihm und seiner mit ihm nicht verheirateten Partnerin bewohnten, im Eigentum ihrer Eltern stehenden Immobilie, um sich und seiner Familie dort langfristig ein Unterkommen zu sichern.

- Als bezweckter Erfolg kann auch eine spätere Erbeinsetzung vereinbart werden.

Erzielt werden muss lediglich eine tatsächliche Einigung über den Zweck der Leistung. Eine **konkludente Einigung** ist nach dem BGH schon dann anzunehmen, wenn der eine Teil mit seiner Leistung einen bestimmten Erfolg bezweckt und der andere Teil dies erkennt und die Leistung entgegennimmt, ohne zu widersprechen. Ferner ist zu beachten, dass die Einigung nicht der **Form** eines entsprechenden Verpflichtungsvertrags bedarf.

Der Anspruch aus § 812 Abs. 1 S. 2 Alt. 2 ist gemäß **§ 815** ausgeschlossen:

- Wenn der Eintritt des bezweckten Erfolges **von vornherein unmöglich** war und der Leistende dies gewusst hat

  Beispiel: A bedrängt den 67-jährigen B, ihm einen wertvollen Orientteppich zu verkaufen. B erklärt sich schließlich einverstanden, falls A ihn auf eine Reise in die Türkei mitnehme und versorge. Als A nach der Reise Übertragung des Teppichs verlangt, weigert sich B, weil sich inzwischen der wahre Eigentümer E gemeldet hat. Nunmehr verlangt A von B die Kosten der Reise. B weist zutreffend darauf hin, dass A gewusst hat, dass dem E der Teppich abhanden gekommen war.

- oder der Leistende den Erfolgseintritt **wider Treu und Glauben verhindert** hat.

Wurde eine Verbindlichkeit eingegangen, um einen anderen zu einem nicht erzwingbaren Verhalten zu veranlassen, und wird dieser Zweck verfehlt, so kann der Durchsetzung der Verbindlichkeit die **Einrede der ungerechtfertigten Bereicherung (§ 821)** entgegenstehen.

4. Anspruch aus § 813

Bei § 813 Abs. 1 handelt es sich um eine **eigenständige**, den § 812 Abs. 1 S. 1 Alt. 1 erweiternde, **Anspruchsgrundlage**. Im Gegensatz zur Grundkonstellation des § 812 Abs. 1 S. 1 Alt. 1 wird beim Anspruch aus § 813 (i.V.m. § 812 Abs. 1 S. 1 Alt. 1) der Zweck der Leistung, nämlich die Verbindlichkeit zu erfüllen, erreicht. Daher besteht **zwar** ein **Rechtsgrund**, dieser ist **jedoch einredebehaftet**. Dabei ist eine **dauerhafte Einrede** erforderlich, denn nur solche Einreden vermögen die Durchsetzung des Anspruchs letztlich zu verhindern.

Beispiele: Einreden aus **§ 821**oder aus **§ 853**

Dagegen haben Einwendungen zur Folge, dass der Rechtsgrund von vornherein nicht bestanden hat (dann § 812 Abs. 1 S. 1 Alt. 1) oder später weggefallen ist (dann § 812 Abs. 1 S. 2 Alt. 1).

Von den dauernden Einreden ist die Einrede der **Verjährung**, § 214 Abs. 2, ausgenommen, § 813 Abs. 1 S. 2 („bleibt unberührt"). Auch die **Mängeleinreden, § 438 Abs. 4 S. 2** und **§ 634 a Abs. 4 S. 2**, fallen unter die Ausnahme des § 813 Abs. 1 S. 2. Dies ergibt sich aus der in diesen Vorschriften erfolgten Bezugnahme auf § 218 Abs. 2 und damit auch auf § 214 Abs. 2.

Liegt der mit der Leistung bezweckte Erfolg nur in der Erfüllung einer Verbindlichkeit, so sind andere Fälle der Leistungskondiktion (insbesondere § 812 Abs. 1 S. 1 Alt. 1) vorrangig.

Aufbauschema: Anspruch aus § 812 Abs. 1 S. 2 Alt. 2

I. Etwas erlangt

II. Durch Leistung

III. Zweckverfehlung

IV. Kein Ausschluss
  - § 815
  - § 817 S. 2 analog

V. Rechtsfolgen

§ 821 behandelt die **Bereicherungseinrede** dem Wortlaut nach nur für den speziellen Fall der Verjährung. Aus dem Sinn und Zweck des § 821 ist aber zu schließen, dass die Bereicherungseinrede vor Eintritt der Verjährung erst recht besteht.

Aufbauschema: Anspruch aus § 813

I. Etwas erlangt

II. Durch Leistung

III. Dauernde Einrede

IV. Kein Ausschluss
  - § 814
  - § 817 S. 2 analog

V. Rechtsfolgen

Für § 813 Abs. 1 gelten die gleichen **Ausschlussgründe** wie für § 812 Abs. 1 S. 1 Alt. 1, also **§ 814** und **§ 817 S. 2 analog**. Keinen Ausschlussgrund, sondern lediglich eine Klarstellung, enthält dagegen die Regelung in § 813 Abs. 2, die klarstellt, dass Leistungen auf eine ansonsten einredefrei bestehende, aber noch nicht fällige Verbindlichkeit nicht kondiziert werden können, was an sich schon aus dem Erfordernis der Dauerhaftigkeit der Einrede folgt.

5. Anspruch aus § 817 S. 1

Der **alleinige Anwendungsbereich** des § 817 S. 1 ist **gering**. Denn im Regelfall verstößt nicht nur die Annahme, sondern auch der schuldrechtliche Vertrag gegen § 138 oder § 134, sodass dann bereits § 812 Abs. 1 S. 1 Alt. 1 einschlägig ist. Deshalb verbleiben für den alleinigen Anwendungsbereich des § 817 S. 1 in erster Linie Fälle, in denen **keine Verbindlichkeit** vorliegt und **keine Zweckverfehlung** gegeben ist.

Beispiel: D stiehlt bei E ein wertvolles Gemälde, um es gegen Lösegeld zurückzugeben. D erhält von E 20.000 € und gibt das Bild zurück.

Ein Anspruch aus § 812 Abs. 1 des E gegen D auf Rückzahlung besteht nicht. E hat nämlich weder zur Erfüllung einer Verbindlichkeit gezahlt noch ist der mit der Zahlung verfolgte Zweck fehlgeschlagen, denn E hat das Bild zurückerhalten.

D hat mit der Entgegennahme des Geldes gesetzes- und sittenwidrig gehandelt, da er gegen § 253 StGB verstoßen hat. Auf den Meinungsstreit, ob der Annehmende Kenntnis oder zumindest fahrlässige Unkenntnis vom Sitten- bzw. Gesetzesverstoß haben muss, kommt es hier nicht an, da D Kenntnis hatte. Da dem E mit der Leistung des Geldes kein Gesetzes- oder Sittenverstoß vorgeworfen werden kann, ist der Anspruch aus § 817 S. 1 auch nicht nach § 817 S. 2 ausgeschlossen.

III. Nichtleistungskondiktionen

Sonderfälle der Nichtleistungskondiktion enthalten § 816 und § 822. Sie haben Vorrang vor der allgemeinen Nichtleistungskondiktion aus § 812 Abs. 1 S. 1 Alt. 2.

1. Anspruch aus § 816 Abs. 1 S. 1

Der Anspruch aus § 816 Abs. 1 S. 1 soll dem Berechtigten einen Ausgleich dafür gewähren, dass sein Recht auf einen Dritten übertragen oder zugunsten eines Dritten belastet wurde.

a) Eine **Verfügung** i.S.d. § 816 Abs. 1 S. 1 ist gegeben, wenn ein Recht unmittelbar durch Rechtsgeschäft übertragen, belastet, inhaltlich verändert oder aufgehoben wird.

Beispiele: Übertragung des Eigentums an einer Sache; Belastung eines Grundstücks mit einer Hypothek; Abtretung oder Erlass einer Forderung

Ein Gegenschluss aus § 816 Abs. 1 S. 2 („unentgeltliche") ergibt, dass es sich bei § 816 Abs. 1 S. 1 um eine **entgeltliche** Verfügung handeln muss. Der Erwerber muss daher eine Gegenleistung erbracht haben oder erbringen sollen.

b) Es muss sich ferner um eine Verfügung **durch einen Nichtberechtigten** handeln.

Berechtigt ist der **verfügungsbefugte Eigentümer** und derjenige, der **kraft Gesetzes** zur Verfügung befugt ist, sowie derjenige, der **nach § 185 Abs. 1 zur Verfügung ermächtigt** ist.

Nicht berechtigt ist danach vor allem

- derjenige, dessen Verfügungsrecht kraft Gesetzes auf einen anderen (z.B. Insolvenz- oder Testamentsvollstrecker) übertragen worden ist;

- derjenige, dessen Verfügungsrecht ausgesetzt ist, ohne dass zugleich ein anderer das Verfügungsrecht übertragen bekommen hat (z.B. aufgrund

---

Aufbauschema:
Anspruch aus § 817 S. 1

I. **Etwas erlangt**

II. **Durch Leistung**

III. **Annahme verstößt gegen Gesetz oder gute Sitten**

IV. **Kein Ausschluss** (§ 817 S. 2 analog)

V. **Rechtsfolgen**

Aufbauschema:
Anspruch aus § 816 Abs. 1 S. 1

I. **Entgeltliche Verfügung**

II. **Eines Nichtberechtigten**

III. **Wirksam ggü. dem Berechtigten**

IV. **Rechtsfolgen**

Hat der Nichtberechtigte eine Verfügung getroffen, die dem Berechtigten gegenüber **unwirksam** ist, so kann die Verfügung gemäß §§ 185 Abs. 2 S. 1 Var. 1, 184 durch rückwirkende **Genehmigung** des Berechtigten Wirksamkeit erlangen.

- Ist die Sache des Berechtigten zerstört worden oder nicht mehr auffindbar, so wird der Berechtigte die Verfügung des Nichtberechtigten genehmigen und aus § 816 Abs. 1 S. 1 vorgehen.

- Ist hingegen die Sache noch vorhanden, kann der Berechtigte **wählen**: Er kann gemäß § 985 die **Sache herausverlangen** und den durch die Vorenthaltung des Besitzes entstandenen Schaden sowie für eine etwaige Beschädigung Ersatz verlangen **oder** die Verfügung des Nichtberechtigten **genehmigen** und den Anspruch aus § 816 Abs. 1 S. 1 geltend machen.

eines Pfändungsbeschlusses oder einer einstweiligen gerichtlichen Verfügung);

- derjenige, der sein belastetes Recht (z.B. das Eigentum an einem Grundstück, an welchem ein Dritter eine Hypothek hat) unbelastet (also ohne die Hypothek zu erwähnen) überträgt – in diesem Fall erfolgt die Übertragung zwar durch den Berechtigten, aber die Lastenfreiheit wird vom Nichtberechtigten angeführt.

c) Des Weiteren muss die Verfügung **dem Berechtigten gegenüber wirksam** sein. Das ist z.B. der Fall beim:

- Erwerb nach **§§ 932 ff., § 892**

- Wirksamwerden nach **§ 185 Abs. 2** S. 1 Var. 1–3.

d) Als **Rechtsfolge** verpflichtet § 816 Abs. 1 S. 1 den Verfügenden zur „Herausgabe des durch die Verfügung Erlangten". Was darunter im Einzelnen zu verstehen ist, wird nicht einheitlich beurteilt.

- Zum Teil wird angenommen, dass der Verfügende (nur) zum Wertersatz gemäß § 818 Abs. 2 verpflichtet ist.

- Demgegenüber ist nach **h.M.** der Anspruchsinhalt auf die Gegenleistung, also auf den **Erlös** gerichtet. Dies gilt auch dann, wenn der erzielte Erlös den objektiven Wert des veräußerten Gegenstandes übersteigt.

2. Anspruch aus § 816 Abs. 1 S. 2

Hat der Nichtberechtigte wirksam aufgrund eines unentgeltlichen Vertrags verfügt, erlangt er durch die Verfügung keinen Vermögenswert. Zum Schutze des Berechtigten ist in § 816 Abs. 1 S. 2 aber geregelt, dass der **Berechtigte von dem unentgeltlichen Erwerber** den Gegenstand **herausverlangen** kann, obwohl dieser nach den Regeln des Erwerbs vom Nichtberechtigten diesen Gegenstand – dinglich – wirksam erworben hat. Die Vorschrift beruht auf dem Gedanken, dass der unentgeltliche Erwerber nicht schutzbedürftig ist.

Beispiel: B hat N eine Vase verkauft und übereignet. N schenkt die Vase seiner Tochter E. Nunmehr stellt sich heraus, dass der Kaufvertrag und die Übereignung B–N unwirksam sind. B ist berechtigt, von der E, die gemäß §§ 929, 932 gutgläubig das Eigentum erworben hat, die Vase gemäß § 816 Abs. 1 S. 2 herauszuverlangen.

Unentgeltlichkeit i.S.d. § 816 Abs. 1 S. 2 liegt – wie bei **§ 516** – dann vor, wenn die Zuwendung **unabhängig von einer Gegenleistung** erfolgt. Hierzu genügt ein grobes Missverhältnis nicht. Liegt hingegen eine gemischte Schenkung vor, ist § 816 Abs. 1 S. 2 auf die gesamte Verfügung anwendbar.

Streitig ist, ob die **Rechtsgrundlosigkeit** der Unentgeltlichkeit gleichgestellt werden kann. Dies lehnt die ganz h.M. ab, da der rechtsgrundlose entgeltliche Erwerber deutlich schutzwürdiger als der unentgeltliche Erwerber ist. Vor allem darf dem Erwerber (E) nicht die Möglichkeit abgeschnitten werden, die Rückgabe der Sache an den Nichtberechtigten (N) bis zur Rückzahlung des Kaufpreises zu verweigern. Daher kann der Berechtigte (B) von N nach § 816 Abs. 1 S. 1 Abtretung des Bereicherungsanspruchs gegen E fordern und E kann dem B gemäß § 404 die gegen N bestehenden Einreden entgegen halten, sog. Lehre von der **Doppelkondiktion**.

3. Anspruch aus § 816 Abs. 2

Während § 816 Abs. 1 den gutgläubigen Rechtserwerb gegen schuldrechtliche Rückgewähransprüche abschirmt, sichert § 816 Abs. 2 die gutgläubig erlangte (oder aus anderen Gründen gesetzlich gestattete) Schuldbefreiung gegen die Notwendigkeit ab, die Leistung beim falschen Gläubiger mühsam beitreiben und an den wahren Gläubiger nach wie vor leisten zu müssen.

Aufbauschema:
Anspruch aus § 816 Abs. 1 S. 2

I. Unentgeltliche Verfügung
II. Eines Nichtberechtigten
III. Wirksam ggü. dem Berechtigten
IV. Rechtsfolgen

Die **Schwäche des unentgeltlichen Erwerbs** wird auch in **§ 988** deutlich. Diesen wendet allerdings die wohl h.M. (insbesondere die Rspr.) auch auf den rechtsgrundlosen Erwerb an, s. S. 12.

Aufbauschema:
Anspruch aus § 816 Abs. 2

I. Leistung
II. An einen Nichtberechtigten
III. Wirksam ggü. dem Berechtigten
IV. Rechtsfolgen

Achten Sie insbesondere darauf, ob eine **konkludente Genehmigung** vorliegt. So kann etwa nach der Ansicht der Rspr. in der **Klageerhebung** regelmäßig die Genehmigung der Leistung an einen Nichtberechtigten gesehen werden.

**Aufbauschema:
Anspruch aus § 822**

I. **Kondiktionsanspruch gegen ursprünglichen Erwerb**

II. **Unentgeltliche Verfügung an den Anspruchsgegner**

III. **Infolgedessen Kondiktions-anspruch gegen ursprünglichen Erwerber ausgeschlossen**
(§ 818 Abs. 3)

IV. **Rechtsfolgen**

**Aufbauschema:
Anspruch aus § 812 Abs. 1 S. 1 Alt. 2**

I. **Etwas erlangt**

II. **In sonstiger Weise**

III. **Auf Kosten des Anspruchstellers**

IV. **Ohne Rechtsgrund**

V. **Rechtsfolgen**

Deshalb hat bei einer Leistung an einen Nichtberechtigten, die dem Berechtigten gegenüber wirksam ist, der Nichtberechtigte dem Berechtigten gemäß § 816 Abs. 2 das Geleistete herauszugeben. **Hauptanwendungsfall** ist der in **§ 407** geregelte Fall, dass der Schuldner in Unkenntnis der Abtretung an den bisherigen Gläubiger leistet. Der Schuldner wird dadurch nämlich gemäß § 407 befreit. Das gilt auch in den Fällen der Mehrfachabtretung, **§ 408**. Nach h.M. steht dem Schuldner ein Wahlrecht zu. Er kann es bei der gesetzlichen Regelung belassen und sich auf die Befreiung berufen oder vom Nichtberechtigten die erbrachte Leistung zurückfordern (§ 812 Abs. 1 S. 1 Alt. 1).

§ 816 Abs. 2 greift auch dann ein, wenn die Leistung an den Nichtberechtigten unwirksam war, aber später vom Berechtigten **genehmigt** wird, **§§ 185 Abs. 2 S. 1 Var. 1, 184**.

Beispiel: B hat L ein Darlehen in Höhe von 14.000 € gewährt. N spiegelt L unter Vorlage einer gefälschten Abtretungsurkunde vor, B habe die Forderung an ihn abgetreten. L zahlt an N. B genehmigt die Zahlung und kann gemäß § 816 Abs. 2 von N den gezahlten Darlehensbetrag herausverlangen.

4. Anspruch aus § 822

§ 822 hat mit § 816 Abs. 1 S. 2 gemein, dass der Erwerber das dinglich wirksam erworbene Recht nicht behalten darf, da die **Unentgeltlichkeit** des Erwerbs nicht schutzbedürftig ist. Während es jedoch bei § 816 Abs. 1 S. 2 um die Verfügung eines Nichtberechtigten geht, betrifft § 822 den Fall, dass ein **Berechtigter verfügt** hat.

Beispiel: Oma (O) kauft von A einen Audi und schenkt ihn ihrer Enkelin (E). Nunmehr stellt sich heraus, dass der Kaufvertrag unwirksam ist.

A hat gegen E einen Anspruch auf Herausgabe des Audis aus **§ 822**.
Er hatte nämlich **ursprünglich** einen Anspruch aus **§ 812 Abs. 1 S. 1 Alt. 1** gegen O auf Herausgabe des Audis. Ferner hat O das Erlangte **unentgeltlich** der E zugewandt und **infolgedessen** ist der Bereicherungsanspruch des A gegen O gemäß § 818 Abs. 3 ausgeschlossen. Als Rechtsfolge ist E zur Herausgabe verpflichtet, wie wenn sie die Zuwendung von A ohne rechtlichen Grund erhalten hätte, mit der Folge, dass sie nicht nur den Audi herausgeben, sondern auch Wertersatz für die gezogenen Nutzungen leisten muss. Gemäß § 818 Abs. 3 ist der Wertersatzanspruch ausgeschlossen, soweit E nicht mehr bereichert ist, also einwenden kann, dass sie keine Aufwendungen erspart hat.

Umstritten ist, ob im **Fall der Vermögenslosigkeit** des ursprünglichen Bereicherungsschuldners **§ 822 analog** anwendbar ist. Dies ist mit der h.M. abzulehnen. Dafür spricht der klare Wortlaut des § 822. Der Anspruch gegen den Dritten wird nur gewährt, wenn „die Verpflichtung" des Empfängers nicht mehr besteht, der Anspruch gegen ihn also aus Rechtsgründen erloschen ist. § 822 soll den Gläubiger vor dem Risiko der Weitergabe durch einen gutgläubigen Schuldner, aber nicht vor der Insolvenz des Schuldners schützen.

5. Anspruch aus § 812 Abs. 1 S. 1 Alt. 2

Bei der allgemeinen Nichtleistungskondiktion lassen sich **drei Fallgruppen** unterscheiden:

- **Eingriffskondiktion**,

- **Verwendungskondiktion** und die

- **Rückgriffs-** oder **Auslagenkondiktion**

Dabei ist die Eingriffskondiktion der **wichtigste Fall** der allgemeinen Nichtleistungskondiktion. Eine Bereicherung auf Kosten des Anspruchstellers setzt einen **Eingriff in den Zuweisungsgehalt eines fremden Rechts** voraus. Dazu ist maßgebend, ob der unter Ausnutzung des Eingriffsobjekts gewonnene Vermögensvorteil nach der gesetzlichen Güterzuordnung dem Rechtsinhaber gebührt, ob also der durch die Inanspruchnahme eines fremden Rechts

Die klausurrelevantesten Herausgabeansprüche

vertragliche

Rückgabe nach Vertragsende

§ 546 Abs. 1
bei Miete

§§ 546 Abs. 1, 581 Abs. 2
bei Pacht

§ 604 Abs. 1
bei Leihe

§ 667
bei Auftrag

§§ 675 Abs. 1, 667
bei entgeltlicher Geschäftsbesorgung

§ 695
bei Verwahrung

§ 732 S. 1
bei GbR

---

vertragsähnliche

Rücktritt

§ 346 Abs. 1

Widerruf

§ 355 Abs. 3 S. 1 bzw. §§ 357 ff.

Herausgabe des Ersatzes

§ 285 Abs. 1

Herausgabe als Natural-restitution bei Schadensersatz gemäß

§ 280 Abs. 1

Herausgabe als Natural-restitution bei Schadensersatz wegen vorvertraglicher Pflichtverletzung (c.i.c.)

§§ 280 Abs. 1, 311 Abs. 2, 241 Abs. 2 i.V.m. § 249 Abs. 1

Echte GoA

§§ 681 S. 2, 667 (echte berechtigte GoA)

§§ 681 S. 2, 667 (str.) (echte unberechtigte GoA)

§§ 684 S. 1, 812 ff.

Unechte GoA

§§ 687 Abs. 2 S. 1, 681 S. 2, 667

§§ 687 Abs. 2 S. 2, 684 S. 1, 818 ff.

---

sachenrechtliche

possessorisch

§ 861 Abs. 1

petitorisch

§ 985

§ 1007 Abs. 1

§ 1007 Abs. 2

Nutzungsherausgabe

§§ 987 ff.

---

deliktische

Herausgabe als Natural-restitution bei Schadensersatz gemäß

§§ 823 ff. i.V.m. § 249 Abs. 1

---

bereicherungsrechtliche

Leistungskondiktionen

§ 812 Abs. 1 S. 1 Alt. 1

§ 812 Abs. 1 S. 2 Alt. 1

§ 812 Abs. 1 S. 2 Alt. 2

§ 817 S. 1

§ 813 Abs. 1 S. 1

Nichtleistungskondiktionen

§ 812 Abs. 1 S. 1 Alt. 2

§ 816 Abs. 1 S. 1

§ 812 Abs. 1 S. 2

§ 816 Abs. 2

§ 822

Das bereicherungsrechtliche Anspruchssystem der §§ 812 ff. BGB

Anspruchsteller hat geleistet

Anspruchsteller hat **nicht** geleistet

Leistungskondiktionen (LK)

§ 812 Abs. 1 S. 1 Alt. 1
Etwas erlangt durch Leistung ohne Rechtsgrund

§ 812 Abs. 1 S. 2 Alt. 1
Etwas erlangt durch Leistung und **späterer Wegfall des Rechtsgrundes**

§ 812 Abs. 1 S. 2 Alt. 2
Etwas erlangt durch Leistung bei **Zweckverfehlung**

§ 813
Etwas erlangt durch Leistung auf **einredebehaftete Forderung**

§ 817 S. 1
Etwas erlangt durch Leistung und **Empfänger verstößt mit Annahme gegen die guten Sitten oder gesetzliches Verbot**

Ausschlussgründe (nur für LK)

§ 814
Kenntnis der Nichtschuld/ Sitten- oder Anstandspflicht; gilt nur für § 812 Abs. 1 S. 1 Alt. 1

§ 815
Kenntnis des Nichteintritts oder treuwidrige Erfolgsvereitelung; gilt nur für § 812 Abs. 1 S. 2 Alt. 2

§ 817 S. 2
Gesetzes- oder Sittenverstoß des Leistenden; gilt nach h.M. für alle Fälle der LK

Nichtleistungskondiktionen (NLK)

allg. NLK

§ 812 Abs. 1 S. 1 Alt. 2
Etwas erlangt **in sonstiger Weise** auf Kosten des anderen ohne Rechtsgrund

- **Eingriffs**kondiktion
- **Rückgriffs**kondiktion
- **Verwendungs**kondiktion

spezielle NLK (Vorrang ggü § 812 Abs. 1 S. 1 Alt. 2)

§ 816 Abs. 1 S. 1
Entgeltliche Verfügung eines Nichtberechtigten (NB) an Dritten (D), wirksam ggü. Berechtigtem (B)

```
     B  →  NB
 wirksam  § 816 I 1
     D    Verfügung
```

§ 816 Abs. 1 S. 2
Unentgeltliche Verfügung eines Nichtberechtigten, wirksam ggü. Berechtigtem

```
     B  →  D
 wirksam  § 816 I 2
     NB   Verfügung unentgeltlich
```

§ 816 Abs. 2
Leistung an Nichtberechtigten, wirksam ggü. Berechtigtem

```
     B  →  NB
 wirksam  § 816 II
     D    Leistung
```

§ 822
Kondiktionsanspruch gegen den Empfänger (E) scheidet wegen **Entreicherung** aus

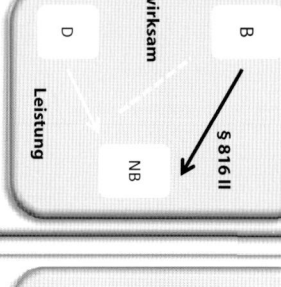

```
     A  --Kondiktions-anspruch-->  E
       § 822          Unentgeltliche
     D                Zuwendung
```

Rechtsfolgen des Bereicherungsanspruchs (in 5 Schritten)

1 **Herausgabe** des **Bereicherungsgegenstands** selbst, §§ 812 Abs. 1 S. 1, 818

2 ggf. auch Herausgabe der **Nutzungen und Surrogate**, § 818 Abs. 1

3 ggf. **Wertersatz**, soweit Herausgabe des Bereicherungsgegenstands bzw. der Nutzungen oder Surrogate unmöglich, § 818 Abs. 2

4 keine Herausgabe- oder Wertersatzpflicht, soweit **Empfänger entreichert**, § 818 Abs. 3

5 ggf. **verschärfte Haftung** des Bereicherungsschuldners; dann u.a. keine Berufung auf Entreicherung, § 818 Abs. 4 (§§ 819, 820)

Die klausurrelevantesten Schadensersatzansprüche

deliktische

Ansprüche aus BGB

§ 823 Abs. 1
Schadensersatz wegen **Rechts(gut)verletzung**

§ 823 Abs. 2
Schadensersatz wegen **Schutzgesetzverletzung**

§ 831
Schadensersatz bei Delikt des **Verrichtungsgehilfen**

Ansprüche aus Spezialgesetzen

§ 7 StVG
Haftung des **Fahrzeughalters**

§ 18 StVG
Haftung des **Fahrzeugführers**

§ 1 ProdHG
Produkthaftung

sachenrechtliche

§ 989
Schadensersatz des **verklagten Besitzers**

§§ 989, 990
Schadensersatz des **bösgläubigen Besitzers**

§§ 990 Abs. 2, 280 Abs. 2, 286
Schadensersatz des bösgläubigen Besitzers bei **Verzug**

§ 991 Abs. 2, 989
unrechtmäßiger gutgläubiger Besitzer

§§ 992, 823 ff.
deliktischer Besitzer

vertragsähnliche

§ 122
Vertrauensschaden nach **Anfechtung**

§ 179
Vertrauensschaden bei **Vertretung ohne Vertretungsmacht**

§§ 280 Abs. 1, 311 Abs. 2, 241 Abs. 1
Schadensersatz bei vorvertraglicher Pflichtverletzung (c.i.c.)

Ansprüche aus GoA

§ 678
Schadensersatz des Geschäftsherrn bei unberechtigter GoA (Übernahmeverschulden)

§§ 280 Abs. 1, 677
Schadensersatz des Geschäftsherrn bei **Ausführungsverschulden**

§§ 687 Abs. 2, 678
Schadensersatz des Geschäftsherrn bei **angemaßter Eigengeschäftsführung**

vertragliche

Verträge mit speziellen Gewährleistungsregelungen

Schenkungsvertrag

§§ 523, 524
Schadensersatzanspruch des Beschenkten

Reisevertrag

§ 651f
Schadensersatzanspruch der Reisenden

Mietvertrag

§ 536a
Schadensersatzanspruch des Mieters

§ 536 a Abs. 1 Alt. 1
wenn Mangel **bereits bei Vertragsschluss** vorhanden (Garantiehaftung)

§ 536 a Abs. 1 Alt. 2
wenn Mangel nach **Vertragsschluss** vorhanden

§ 536 a Abs. 1 Alt. 3
wenn **Verzug** mit Mangelbeseitigung

Allgemeine Regelungen

Gewährleistungsrecht, das auf die allgemeinen Regelungen verweist

z.B. Schadensersatz gem. § 437 Nr. 3 i.V.m. …

§ 311 a Abs. 2
statt der Leistung bei **anfänglicher Unmöglichkeit** der Nacherfüllung

§ 280 Abs. 1, 3, § 283
statt der Leistung bei **nachträglicher Unmöglichkeit** der Nacherfüllung

§ 280 Abs. 1, § 281
statt der Leistung wegen **nicht oder nicht wie geschuldet** erbrachter Nacherfüllung

§ 280 Abs. 1, § 282
statt der Leistung wegen **Verletzung** der Pflichten aus § 241 Abs. 2

§ 280 Abs. 1
wegen **Pflichtverletzung** bei der Erfüllung bzw. Nacherfüllung

Schadensersatz statt der Leistung

§ 311 a Abs. 2
bei anfänglicher Unmöglichkeit

§ 280 Abs. 1, 3, § 283
bei nachträglicher Unmöglichkeit

§ 280 Abs. 1, 3, § 281 Abs. 1 S. 1 Alt. 1
wegen Nichtleistung

§ 280 Abs. 1, 3, § 281 Abs. 1 S. 1 Alt. 2
wegen Schlechtleistung

§ 280 Abs. 1, 3, § 282
wegen Verletzung der Pflichten aus § 241 Abs. 2

Schadensersatz neben der Leistung …

§ 280 Abs. 1
wegen Pflichtverletzung

§ 280 Abs. 1, 2, § 286
bei Verzug mit der Leistung

Die Haftung des unrechtmäßigen Besitzers, §§ 987 ff.

Vorliegen einer **Vindikationslage** (§§ 985, 986) im **Zeitpunkt der Tatbestandserfüllung**

Redlicher Besitzer	**Verklagter Besitzer**	**„Bösgläubiger" Besitzer**	**Deliktischer Besitzer**
Besitzer ist weder bösgläubig noch verklagt.	Herausgabeklage gegen den Besitzer ist rechtshängig (§ 253, 261 Abs. 1 ZPO; nicht § 167 ZPO); Gut- oder Bösgläubigkeit ist irrelevant.	Besitzer verkennt bei Besitzerlangung grob fahrlässig, dass er kein Besitzrecht hat (§§ 990 Abs. 1 S. 1, 932 Abs. 2) oder erfährt dies später (§ 990 Abs. 1 S. 2).	Besitzer hat Besitz durch eine Straftat oder schuldhafte verbotene Eigenmacht erlangt.

Schadensersatz

- **Grundsatz: § 993 Abs. 1 Hs. 2: keine Haftung – Sperrwirkung gegenüber Deliktsrecht**
  Ausnahmen:
- **§ 991 Abs. 2**
  Fremdbesitzerexzess im 3-Personen-Verhältnis
- **§§ 823 ff. anwendbar**
  Fremdbesitzerexzess im 2-Personen-Verhältnis
  (a.A. § 991 Abs. 2 analog)
- **§ 826**
  keine Begünstigung bei Sittenwidrigkeit

§ 989
Schadensersatz für verschuldeten Untergang/ verschuldete Unmöglichkeit der Herausgabe

§§ 989, 990 Abs. 1
Schadensersatz für verschuldeten Untergang/ verschuldete Unmöglichkeit der Herausgabe

§§ 990 Abs. 2, 286 ff.
verschärfte Haftung auf Vorenthaltungsschaden (§§ 280 Abs. 1 u. 2, 286) und für Zufall (§ 287) im Verzug

§§ 992, 823 ff.
Schadensersatz nach allgemeinen deliktischen Vorschriften (gemäß § 848 Haftung auch für zufälligen Untergang)

Nutzungen

- **Grundsatz: § 993 Abs. 1 Hs. 2: keine Haftung – Sperrwirkung gegenüber Bereicherungsrecht**
  Ausnahmen:
- **§§ 988, 818**
  Nutzungen des unentgeltlichen Besitzers
- **§ 988 analog**
  Nutzungen des rechtsgrundlosen Besitzers (str., a.A. §§ 812 ff. unmittelbar)
- **§ 993 Abs. 1 Hs. 1**
  Übermaßfrüchte

§ 987 Abs. 1
Herausgabe/Wertersatz für gezogene Nutzungen

§ 987 Abs. 2
Ersatz schuldhaft nicht gezogener Nutzung

§§ 987 Abs. 1, 990 Abs. 1
Herausgabe/Wertersatz für gezogene Nutzungen

§§ 987 Abs. 2, 990 Abs. 1
Ersatz schuldhaft nicht gezogener Nutzungen

Ausnahme:
Der bösgläubige Fremdbesitzer, der für einen Dritten besitzt, haftet nur, wenn auch der mittelbare Besitzer bösgläubig oder verklagt ist (§ 991 Abs. 1).

§ 988
auch durch Delikt erlangter Besitz ist „unentgeltlich"

§§ 992, 823 ff.
Deliktshaftung erfasst auch Nutzungen (lt. BGH sogar, wenn Eigentümer diese nicht gezogen hätte, str.)

Verwendungen

- **§ 994 Abs. 1**
  Ersatz notwendiger Verwendungen (i.d.R. ohne notwendige Erhaltungskosten und Lasten, da dem redlichen Besitzer die Nutzungen verbleiben)
- **§ 996**
  Ersatz nützlicher Verwendungen, soweit noch werterhöhend vorhanden (ohne Luxusverwendungen)
- **§ 997**
  Wegnahmerecht bei wesentlichen Bestandteilen (bei Nicht-Bestandteilen Anspruch aus § 985)

§§ 994 Abs. 2, 677, 683 S. 1, 670
Ersatz notwendiger Verwendungen (einschließlich Erhaltungskosten und Lasten), sofern interessen- und willensgemäß

§§ 994 Abs. 2, 684 S. 1, 812 ff.
Ersatz sonstiger notwendiger Verwendungen, sofern Eigentümer bereichert

§ 997
Wegnahmerecht bei wesentlichen Bestandteilen (andernfalls Anspruch aus § 985)

Die Gegenrechte des unrechtmäßigen Besitzers, §§ 994 ff.

Redlicher Besitzer	**„Bösgläubiger"/verklagter Besitzer**

Sonderproblem: Umgestaltungsaufwendungen

Rspr.: Enger Verwendungsbegriff – kein Ersatz nach § 996
⇨ EBV abschließend – auch kein Ersatz nach §§ 951, 812
⇨ Weder der redliche noch der bösgläubige/verklagte Besitzer erhalten Umgestaltungsaufwendungen ersetzt. Es bleibt nur § 997.

h.L.: Weiter Verwendungsbegriff – Ersatz nach § 996
⇨ EBV abschließend – kein Ersatz nach §§ 951, 812
⇨ Der redliche Besitzer erhält Umgestaltungsaufwendungen nach § 996 ersetzt; der bösgläubige/ verklagte Besitzer nicht.

a.A.: Enger Verwendungsbegriff – kein Ersatz nach § 996
⇨ EBV nicht abschließend – Ersatz nach §§ 951, 812
⇨ Jeder Besitzer (egal, ob redlich oder nicht) kann nach §§ 951, 812 Umgestaltungsaufwendungen ersetzt verlangen.

oder geschützten Vermögenswertes gewonnene Vorteil dem Rechtsinhaber zugewiesen ist.

Wichtige **Kriterien bei der Ermittlung des Zuweisungsgehalts** sind einerseits, in welchem Umfang der Rechtsinhaber über die Substanz und die Nutzung entgeltlich verfügen kann, sowie andererseits, inwieweit der Rechtsinhaber sich der erworbenen Vorteile willentlich begeben hat. Auf die Rechtswidrigkeit des Eingriffs kommt es dagegen nicht an.

Die wichtigsten Fälle des Eingriffserwerbs:

- Handelnder nimmt **fremdes Eigentum** in Anspruch

- **Leistung** wird **ohne Willen des Berechtigten** in Anspruch genommen

- Handelnder greift in **immaterielle Rechte** (insbesondere das allgemeine Persönlichkeitsrecht) ein.

Die **Rückgriffs- oder Auslagenkondiktion** gewährt einen Anspruch, wenn einem anderen eine Zuwendung gemacht wird, die diesem zumindest auch zugute kommt, andere Vorschriften aber keinen Rückgriff ermöglichen. Die Rückgriffskondiktion ist daher, ebenso wie die Verwendungskondiktion (dazu unten S. 44), erst dann zu prüfen, wenn vorrangige Sonderregeln (z.B. § 426 Abs. 1; §§ 677, 683 S. 1, 670) nicht eingreifen.

2.Teil: Schadensersatzansprüche

A. Einleitung und Überblick

Ansprüche, die auf den Ersatz von Schäden gerichtet sind, finden sich an verschiedensten Stellen des **BGB** sowie in **Spezialgesetzen** wie etwa dem Straßenverkehrsgesetz (StVG) und dem Produkthaftungsgesetz (ProdHaftG). Sie können sich insbesondere aus Vertrag oder vertragsähnlichen Schuldverhältnissen, aus Sachenrecht oder aus Deliktsrecht ergeben.

Das BGB und viele Spezialgesetze verwenden zwar oftmals den Begriff des Schadens, eine Definition enthalten diese Gesetze aber nicht. Nach dem sogenannten **natürlichen Schadensbegriff** versteht man, entsprechend dem allgemeinen Sprachgebrauch, unter einem Schaden **jede unfreiwillige Einbuße an materiellen oder immateriellen Gütern**.

Ob ein Schaden nach dem natürlichen Schadensbegriff vorliegt und wie hoch dieser ist, bestimmt sich nach der **Differenzhypothese** (auch Differenzmethode genannt). Danach besteht der Schaden in der Differenz zweier Güterlagen. Dabei ist die tatsächliche Lage, die durch das schädigende Ereignis geschaffen wurde, zu vergleichen mit der – hypothetischen – Lage, die bestehen würde, wenn das schädigende Ereignis hinweggedacht wird.

Außerdem ist zwischen **Vermögens- und Nichtvermögensschäden** zu differenzieren. Ein Vermögensschaden ist eine negative Vermögensdifferenz, die durch einen Gesamtvermögensvergleich zu ermitteln ist. Dabei ist Vermögen im schadensrechtlichen Sinn alles, was einen **in Geld messbaren Vermögenswert** besitzt. Bei einem Nichtvermögensschaden handelt es sich hingegen um Einbußen, die sich nicht in Geld messen lassen, z.B. eine Beeinträchtigung des Ehrempfindens, des körperlichen Wohlbefindens oder der Möglichkeit der Freizeitgestaltung.

Die Unterscheidung zwischen Vermögens- und Nichtvermögensschäden ist für die Frage der **Ersatzfähigkeit des Schadens** von großer Bedeutung: Während im Rahmen der Naturalrestitution gemäß § 249 jeder Schaden ersetzt wird, bestimmt § 253 Abs. 1, dass im Rahmen der Schadenskompensation gemäß §§ 251, 252 grundsätzlich nur ein Vermögensschaden ersatzfähig ist.

Eine Übersicht über die nachstehend näher behandelten klausurrelevantesten Schadensersatzansprüche ergibt folgendes **Prüfungsschema**:

I. Vertragliche Ansprüche

   1. Allgemeine Regelungen (§§ 280 ff.)
   2. Gewährleistungsrecht, das auf die allgemeinen Regelungen verweist
   3. Verträge mit speziellen Gewährleistungsregelungen

II. Vertragsähnliche Ansprüche

   1. Schadensersatz bei Anfechtung
   2. Haftung des Vertreters ohne Vertretungsmacht
   3. Schadensersatz wegen vorvertraglicher Pflichtverletzung
   4. Schadensersatz bei GoA

III. Sachenrechtliche Ansprüche

   1. Anspruch aus § 989
   2. Anspruch aus §§ 989, 990
   3. Anspruch aus §§ 990 Abs. 2, 286 ff.
   4. Anspruch aus §§ 991 Abs. 2, 989
   5. Anspruch aus § 992 i.V.m. §§ 823 ff. bzw. § 858

IV. Deliktische Ansprüche

   1. Anspruch aus § 823 Abs. 1 u. 2
   2. Anspruch aus § 831 Abs. 1
   3. Anspruch aus § 7 und § 18 StVG
   4. Anspruch aus § 1 ProdHaftG

B. Vertragliche Schadensersatzansprüche

Vertragliche Ansprüche auf Schadensersatz können sich sowohl aus den allgemeinen Regelungen des Schuldrechts (§§ 280 ff.) als auch aus dem besonderen Teil des Schuldrechts (z.B. § 437 Nr. 3 oder § 536 a) ergeben.

I. Allgemeine Regelungen

Die allgemeinen Regelungen (§§ 280 ff.) gelten vor **Anwendung** der Gewährleistungsrechte sowie bei Verträgen, deren Gewährleistungsrechte weder auf die allgemeinen Regeln verweisen (§ 437 Nr. 3: Kaufvertrag; § 634 Nr. 4: Werkvertrag) noch spezielle Gewährleistungsrechte enthalten (§§ 523, 524: Schenkung; § 536 a: Miete; § 651 f: Reise).

Beachte den **Unterschied:**
- Schadensersatz **statt** der Leistung
- Schadensersatz **neben** der Leistung

Ferner unterscheiden die allgemeinen Regelungen zwischen den Schadensersatzansprüchen **statt der Leistung** und den Schadensersatzansprüchen **neben der Leistung**. Zum Schadensersatz statt der Leistung gehören nach h.M. die Schäden, die **an die Stelle der Leistung** treten und die **Leistung** damit **funktional ersetzen** (dazu ausführlich AS-Skript Schuldrecht AT 1 [2017] Rn. 209 ff.). Ersetzt wird das Erfüllungsinteresse, das bei gegenseitigen Verträgen auch als Äquivalenzinteresse bezeichnet wird. Bei der Prüfung, ob das Erfüllungsinteresse verletzt ist, wird darauf abgestellt, ob eine Nacherfüllung den eingetretenen Schaden beseitigt hätte.

Die **Testfrage** lautet: Würde der geltend gemachte Schaden entfallen, wenn die Leistung jetzt oder im letztmöglichen Zeitpunkt noch erbracht wird oder worden wäre?

1. Schadensersatzansprüche statt der Leistung

a) § 311 a Abs. 2 ist lex specialis bei einem Schadensersatzanspruch statt der Leistung wegen **anfänglicher Unmöglichkeit**. Eine anfängliche Unmöglichkeit liegt vor, wenn das Leistungshindernis bereits bei Vertragsschluss bestand. Das Verschulden des Schuldners wird vermutet. Allerdings hat er die Möglichkeit, sich zu entlasten. Maßgeblich dabei ist nicht, ob er die Unmöglichkeit zu vertreten hat, sondern allein, ob er das **Leistungshindernis bei Vertragsschluss nicht kannte** und seine Unkenntnis auch nicht zu vertreten hat.

b) Liegt eine **nachträgliche Unmöglichkeit** vor, ist also das Leistungshindernis erst nach Vertragsschluss entstanden, so kann sich ein Schadensersatzanspruch statt der Leistung aus §§ 280 Abs. 1 u. 3, **283** ergeben. Auch hier hat der Schuldner die Möglichkeit, sich zu entlasten, indem er darlegt und beweist, dass er das Leistungshindernis nicht zu vertreten hat, § 280 Abs. 1 S. 2.

Entsteht Leistungshindernis **nach** Vertragsschluss ist § 283 einschlägig, sonst § 311 a Abs. 2.

c) Liegt **keine Unmöglichkeit** vor, erbringt der Schuldner die Leistung aber trotzdem nicht, so sind die §§ 280 Abs. 1 u. 3, **281 Abs. 1 S. 1 Alt. 1** die richtige Anspruchsgrundlage. Der Anspruch setzt jedoch, ebenso wie der Anspruch auf Schadensersatz statt der Leistung wegen Schlechtleistung aus §§ 280 Abs. 1, Abs. 3, 281 Abs. 1 S. 1 Alt. 2, voraus, dass der Gläubiger dem Schuldner **eine angemessene Frist zur Leistung** oder Nacherfüllung gesetzt hat, die erfolglos verstrichen ist.

Die Fristsetzung ist gemäß **§ 281 Abs. 2 entbehrlich**, wenn der Schuldner die Leistung endgültig verweigert oder besondere Umstände vorliegen, die unter Abwägung der beiderseitigen Interessen die sofortige Geltendmachung des Schadensersatzanspruchs rechtfertigen. Wenn der Schuldner darlegt und beweist, dass er die Pflichtverletzung nicht zu vertreten hat (§ 280 Abs. 1 S. 2), scheidet ein Schadensersatzanspruch aus.

d) Ein Anspruch auf Schadensersatz **statt der Leistung** kann sich auch aus §§ 280 Abs. 1 u. 3, **282** ergeben, wenn der Schuldner keine Leistungspflicht, sondern Rücksichtnahmepflichten aus **§ 241 Abs. 2** in einem derartigen Umfang verletzt, dass dem Gläubiger die Leistung durch den Schuldner nicht mehr zuzumuten ist.

2. Schadensersatzansprüche neben der Leistung

a) Anspruchsgrundlage für alle Schäden, die nicht als Schäden statt der Leistung oder wegen Verzögerung der Leistung anzusehen sind, ist **§ 280 Abs. 1**. Der Anspruch kann wegen der **Verletzung von Leistungspflichten** eingreifen, soweit nicht Regelungen des Gewährleistungsrechts vorrangig sind. Ein weiterer Anwendungsbereich des § 280 Abs. 1 ist die **Verletzung von Rücksichtnahmepflichten** i.S.d. **§ 241 Abs. 2**. Der Schadensersatzanspruch aus § 280 Abs. 1 tritt entweder neben den Erfüllungsanspruch oder neben den Anspruch auf Schadensersatz statt der Leistung.

Schadensersatz neben der Leistung, § 280 Abs. 1, bei **Pflichtverletzung**

b) Um einen Schadensersatzanspruch neben der Leistung handelt es sich auch bei dem Anspruch auf Ersatz des **Verzögerungsschadens** aus §§ 280 Abs. 1 u. 2, **286**. Der Schuldner kommt grundsätzlich erst dann in Verzug, wenn er auf eine **Mahnung** des Gläubigers hin nicht leistet, § 286 Abs. 1 S. 1. Das Eintreten des Verzugs hat keine Auswirkungen auf den Erfüllungsanspruch. Vielmehr treten die Ansprüche auf Ersatz des Verzögerungsschadens und die **Verzugszinsen** (§ 288) neben den Anspruch auf Erfüllung oder neben den Anspruch auf Schadensersatz statt der Leistung.

Ersatz des Verzögerungsschadens setzt **Mahnung** voraus!

II. Gewährleistungsrecht, das auf allgemeine Regelungen verweist

Das bei weitem klausurrelevanteste Gewährleistungsrecht ist in den **§§ 434 ff.** für den Fall normiert, dass die Kaufsache einen Mangel aufweist. Für die Rechte des Käufers bei Mängeln der Kaufsache verweist § 437 weitgehend auf die

Ausführlich zum System der kaufrechtlichen Gewährleistung Wirtz RÜ 2018, 463

Regelungen des allgemeinen Leistungsstörungsrechts (vgl. zum Rücktritt bereits oben S. 2 f.).

1. Schadensersatzanspruch des Käufers bei Mängeln der Kaufsache

Gemäß **§ 437 Nr. 3 Alt. 1** kann der Käufer nach §§ 440, 280, 281, 283 und 311a Schadensersatz bei Lieferung einer mangelhaften Sache verlangen. Es gelten also grundsätzlich die allgemeinen Regeln, mit der **Modifikation**, dass gemäß **§ 440** eine Fristsetzung entbehrlich ist, wenn der Verkäufer beide Arten der Nacherfüllung gemäß § 439 Abs. 4 verweigert oder wenn die dem Käufer zustehende Art der Nacherfüllung fehlgeschlagen oder ihm unzumutbar ist. Zwar wird auf die allgemeinen Regelungen verwiesen, sodass die Voraussetzungen der Haftung im Wesentlichen identisch sind. Es ist jedoch streng zwischen der Haftung nach den allgemeinen Regelungen und nach den Gewährleistungsregeln zu unterscheiden, da es insbesondere bei der Verjährung beachtenswerte Unterschiede gibt.

2. Verhältnis zu den allgemeinen Regelungen

Vor dem Gefahrübergang ist bei Mängeln der verkauften Sache das Leistungsstörungsrecht des allgemeinen Schuldrechts anwendbar. Der Käufer kann also die Annahme der Sache verweigern, ohne in Annahmeverzug zu geraten. **Nach Gefahrübergang**, dies ist i.d.R. die Übergabe der Sache, § 446 S. 1, sind **nur** noch die **Gewährleistungsregelungen** anwendbar.

Ein Anspruch nach den allgemeinen Leistungsstörungsregeln kann nach Gefahrübergang dann nur noch gegeben sein, wenn eine Pflichtverletzung vorliegt, die nicht in der Lieferung einer mangelhaften Sache liegt.

3. Verhältnis zu den §§ 823 ff.

Es besteht eine **echte Anspruchskonkurrenz** mit der Folge, dass Ansprüche aus Vertragsrecht und Deliktsrecht nebeneinander bestehen und dass jeder Anspruch nach den Voraussetzungen, seinem Inhalt und der Durchsetzbarkeit selbstständig zu behandeln ist. Dabei ist auch die unterschiedliche Verjährung deliktischer Ansprüche (§§ 195, 199) und der kaufrechtlichen Gewährleistungsansprüche (§ 438) zu beachten.

Allein in der Lieferung einer mangelhaften Sache liegt noch keine Eigentumsverletzung, denn der Käufer erwirbt von vornherein nur **Eigentum an der mangelhaften Sache**. Anders ist es, wenn sich die Mangelhaftigkeit der gekauften Sache nur auf einen Teilbereich beschränkt, sich dann aber nach dem Erwerb der Sache der Mangel auf weitere Teile ausdehnt, also ein sog. **weiterfressender Mangel** vorliegt (dazu ausführlich AS-Skript Schuldrecht BT 4 [2017], Rn. 28 ff.).

III. Verträge mit speziellen Gewährleistungsregelungen

1. Schadensersatz beim Schenkungsvertrag

Im **Schenkungsrecht** regelt **§ 523** die Haftung für arglistig verschwiegene Rechtsmängel und **§ 524** die Haftung für arglistig verschwiegene Sachmängel. Dass die Haftung ein arglistiges Verschweigen voraussetzt zeigt den Ausnahmecharakter der Vorschriften. Grundsätzlich haftet der Schenker demnach also nicht für Sach- oder Rechtsmängel des zugewendeten Schenkungsgegenstandes (Eselsbrücke: „Einem geschenkten Gaul schaut man nicht ins Maul.").

Wird die Leistungsverpflichtung vom Schenker im Übrigen, also abgesehen von den Fällen des § 523 und § 524, nicht oder nicht vertragsgemäß erfüllt, so greifen die allgemeinen Regelungen über die Unmöglichkeit, den Verzug und die Nichtleistung (§§ 280 ff.) ein. Der Schenker haftet dann jedoch **nur für Vorsatz und grobe Fahrlässigkeit, § 521**. Diese Haftungsprivilegierung greift

---

Aufbauschema: Anspruch gemäß § 437 Nr. 3 Alt. 1

I. **Wirksamer Kaufvertrag**

II. **Sach- oder Rechtsmangel** (§§ 434, 435)

III. **Bei Gefahrübergang** (z.B. § 446)

IV. **Vertretenmüssen des Verkäufers** (vermutet, § 280 Abs. 1 S. 2)

V. **Ggf. zusätzliche Voraussetzungen** (z.B. Fristsetzung oder Entbehrlichkeit bei § 281)

VI. **Kein Gewährleistungsausschluss** (Vertrag oder Gesetz)

VII. **Rechtsfolgen**

- Schadensersatz neben der Leistung (§§ 280 Abs. 1, 437 Nr. 3 Alt. 1)
- Schadensersatz statt der Leistung (§§ 280 Abs. 1 u. 3, 281, 437 Nr. 3 Alt. 1)
- Schadensersatz statt der Leistung wegen anfänglicher Unmöglichkeit (§§ 311 a, 437 Nr. 3 Alt. 1)
- Schadensersatz statt der Leistung wegen nachträglicher Unmöglichkeit (§§ 280 Abs. 1 u. 3, 283, 437 Nr. 3 Alt. 1)

Lieferung einer mangelhaften Sache ist keine Eigentumsverletzung.

auch bei anfänglicher Unmöglichkeit ein, da nach § 311 a Abs. 2 auch dies ein Fall der Haftung für vermutetes Verschulden ist. Außerdem sind gemäß **§ 522** keine Verzugszinsen zu entrichten.

2. Schadensersatz beim Mietvertrag

Im **Mietrecht** ergibt sich der Schadensersatzanspruch des Mieters bei einem Mangel (Sach- oder Rechtsmangel) der Mietsache aus **§ 536 a Abs. 1**. Diese Vorschrift setzt voraus, dass die Mietsache überlassen worden ist. Vor Überlassung verdrängt § 536 a das allgemeine Leistungsstörungsrecht nicht.

Im Rahmen des Schadensersatzanspruches aus § 536 a Abs. 1 sind **drei Fallgruppen** zu unterscheiden:

- Ist bereits **bei Vertragsschluss** ein Mangel vorhanden, hat der Mieter einen verschuldensunabhängigen Schadenersatzanspruch aus § 536 a Abs. 1 **Alt. 1 (Garantiehaftung)**.

- Entsteht ein Mangel erst **nach Vertragsschluss**, hat der Mieter einen Schadensersatzanspruch aus § 536 a Abs. 1 **Alt. 2**, wenn der Vermieter den Mangel zu vertreten hat.

- Kommt der Vermieter mit der **Beseitigung eines Mangels in Verzug**, hat der Mieter einen Schadensersatzersatzanspruch aus § 536 a Abs. 1 **Alt. 3**. Auch hierbei ist ein Vertretenmüssen des Vermieters erforderlich, § 286 Abs. 4.

3. Schadensersatz beim Reisevertrag

Das **Reisevertragsrecht** enthält mit § 651 n eine Spezialregelung für den Schadensersatzanspruch des Reisenden gegen den Reiseveranstalter, wenn die Reise i.S.d. § 651 i mangelhaft ist. Der Reisende kann gemäß **§ 651 n Abs. 1 Schadensersatz** verlangen, es sei denn, der Mangel der Reise beruht auf einem Umstand, den der Reiseveranstalter nicht zu vertreten hat. Dafür trägt der Reiseveranstalter die Darlegungs- und Beweislast.

Außerdem gewährt der Anspruch aus **§ 651 n Abs. 2** dem Reisenden – als Ausnahme von § 253 Abs. 2 – den Ersatz eines immateriellen Schadens, nämlich wegen **nutzlos aufgewendeter Urlaubszeit**. Dabei ist über die Voraussetzungen des § 651 n Abs. 1 hinaus als zusätzliches haftungsbegründendes Merkmal die Vereitelung der Reise oder eine erhebliche Beeinträchtigung der Reise erforderlich.

Vgl. zu den Änderungen im Reisevertragsrecht zum 01.07.2018 ausführlich Pechstein RÜ 2017, 703 ff. sowie Pechstein RÜ 2018, 565 ff.

C. Vertragsähnliche Schadensersatzansprüche

I. Schadensersatz bei Anfechtung

Der Anfechtende muss in den Fällen der Anfechtung gemäß **§ 119** oder **§ 120** dem Anfechtungsgegner Schadensersatz nach **§ 122** leisten (Vertrauensschaden). Vom **Vertrauensinteresse** (negatives Interesse) ist das **Erfüllungsinteresse** (positives Interesse) zu unterscheiden. Vertrauensinteresse ist der Schaden, den der Geschädigte erleidet, weil er auf die Gültigkeit der nichtigen oder durch Anfechtung beseitigten Willenserklärung vertraut. Erfüllungsinteresse ist der Schaden, der bei der Gültigkeit der Erklärung und ordentlicher Erfüllung der in ihr versprochenen Leistung vermieden worden wäre. Bei dem Ersatzanspruch nach § 122 ist das Vertrauensinteresse der Höhe nach durch das Erfüllungsinteresse begrenzt.

Trifft den Erklärenden ein Verschulden, so besteht neben dem Anspruch aus § 122 ein Ersatzanspruch aus §§ 280 Abs. 1, 311 Abs. 2, 241 Abs. 1 (c.i.c.). Die beiden Haftungstatbestände schließen einander nicht aus, denn bei **§ 122**

§ 122 neben c.i.c. anwendbar

handelt es sich um eine **verschuldensunabhängige Haftung**, während c.i.c. Verschulden voraussetzt. Für den Anspruch wegen vorvertraglicher Pflichtverletzung gilt die Beschränkung auf das Vertrauensinteresse nicht, allerdings ist für ihn erforderlich, dass ein Vermögensschaden entstanden ist. Bei einer schuldhaften Abgabe einer irrtümlichen Erklärung ist es sachgerecht, dass dem Vertragspartner auch das Erfüllungsinteresse ersetzt wird.

Vertragsaufhebung aus c.i.c. bei arglistiger Täuschung

Wird eine Erklärung nach **§ 123 Abs. 1** angefochten, so besteht ebenfalls ein Ersatzanspruch aus §§ 280 Abs. 1, 311 Abs. 2, 241 Abs. 1, denn eine arglistige Täuschung oder eine widerrechtliche Drohung ist auch immer eine vorvertragliche Pflichtverletzung. Nach h.M. kann der Getäuschte (Bedrohte) gemäß § 249 Abs. 1 die Rückgängigmachung des Vertrags verlangen. Dies ist insbesondere dann von Bedeutung, wenn die Ausschlussfrist des § 124 verstrichen ist.

II. Haftung des Vertreters ohne Vertretungsmacht

Vgl. BGH RÜ 2017, 548 zur **Verjährung** des Anspruchs aus § 179 Abs. 1 BGB.

Hat jemand als Vertreter ohne Vertretungsmacht einen Vertrag geschlossen, ist er dem anderen Teil nach dessen Wahl zur Erfüllung oder zum Schadensersatz verpflichtet, wenn der Vertretene die Genehmigung des Vertrags verweigert, **§ 179 Abs. 1.** Gemäß § 179 Abs. 2 beschränkt sich jedoch die Ersatzpflicht auf das Vertrauensinteresse, wenn der Vertreter den Mangel der Vertretungsmacht nicht gekannt hat. § 179 begründet eine **verschuldensunabhängige Garantiehaftung.**

III. Schadensersatz wegen vorvertraglicher Pflichtverletzung

Aufbauschema: Schadensersatz wegen vorvertraglicher Pflichtverletzung (c.i.c.)

I. **Vorvertragliches Schuldverhältnis** (§ 311 Abs. 2 u. 3)

II. **Pflichtverletzung** (§ 241 Abs. 2)

III. **Vertretenmüssen** (vermutet, § 280 Abs. 1 S. 2)

IV. **Rechtsfolge:** Schadensersatz neben der Leistung

In § 311 Abs. 2 und § 311 Abs. 3 ist geregelt, wann ein vorvertragliches Schuldverhältnis zustande kommt. Verletzt jemand Pflichten im Rahmen eines vorvertraglichen Schuldverhältnisses, so kann sich ein Schadensersatzanspruch aus **§§ 280 Abs. 1, 311 Abs. 2** (bzw. Abs. 3), **241** ergeben.

Ein **grundloser Abbruch von Vertragsverhandlungen** kann z.B. einen solchen Schadensersatzanspruch hervorrufen. Dies setzt jedoch voraus, dass das Vertrauen erweckt worden ist, der Vertrag werde mit Sicherheit abgeschlossen, und der Abbruch ohne triftigen Grund erfolgt.

Eine weitere Fallgruppe ist die durch den Vertragspartner **verschuldete Unwirksamkeit des Vertrags.** Andere Rücksichtnahmepflichten, wie z.B. Aufklärungspflichten und die Pflicht, die Rechtsgüter des anderen nicht zu beschädigen, bestehen bei einem vorvertraglichen Schuldverhältnis ebenso wie bei einem vertraglichen.

Zur Haftung wegen **vorvertraglicher Verkäufererklärungen „ins Blaue hinein"** OLG Frankfurt RÜ 2018, 545.

Die **Aufklärungspflicht** ist verletzt, wenn der Vertragspartner nicht über solche Umstände aufgeklärt wurde, die für den Vertragsschluss bedeutsam waren und über die er nach der **Verkehrsauffassung** eine Mitteilung erwarten durfte.

Zu den Aufklärungspflichten des Werkunternehmers vor der **Durchführung einer Kfz-Reparatur** BGH RÜ 2018, 4.

Beispiel: Ein Juwelier, der Kundenschmuck zur Anbahnung eines Werk- oder Kaufvertrages entgegennimmt, kann nach Treu und Glauben unter Berücksichtigung der Verkehrsanschauung verpflichtet sein, über das Fehlen einer Versicherung gegen das Risiko des Verlustes durch Diebstahl und Raub aufzuklären, wenn eine solche Versicherung branchenüblich ist (BGH RÜ 2016, 477).

IV. Schadensersatz bei GoA

Bei einer **unberechtigten GoA** (vgl. zu den Voraussetzungen oben S. 8) kann sich ein Schadensersatzanspruch des Geschäftsherrn gegen den Geschäftsführer aus **§ 678** und bei einer angemaßten Eigengeschäftsführung aus den §§ 687 Abs. 2, 678 wegen **Übernahmeverschuldens** ergeben, wenn der unberechtigte Geschäftsführer seine Nichtberechtigung bei Übernahme des Geschäfts hätte erkennen können. Die Ersatzpflicht erfasst alle mit der Übernahme des Geschäftes adäquat kausal entstandenen Schäden.

Daneben kann sich eine Haftung des Geschäftsführers gemäß **§ 280 Abs. 1** wegen **Ausführungsverschuldens** ergeben. Die echte berechtigte und die echte unberechtigte GoA begründen nämlich ein gesetzliches Schuldverhältnis i.S.d. § 280 Abs. 1.

D. Sachenrechtliche Schadensersatzansprüche

Die sachenrechtliche Schadenshaftung ist in den §§ 987 ff. (zusammen mit dem Nutzungs- und dem Verwendungsersatz) geregelt. Jede Haftung nach §§ 987 ff. setzt voraus, dass grundsätzlich im Zeitpunkt der Tatbestandsverwirklichung (also z.B. der Beschädigung der Sache) eine Vindikationslage (Eigentümer-Besitzer-Verhältnis – EBV) bestand, der Eigentümer also einen Herausgabeanspruch gegen den Besitzer ohne Besitzrecht aus § 985 hatte.

Wird eine Sache **bereits bei der Besitzbegründung** z.B. beschädigt oder zerstört, haftet der Verletzer hingegen unmittelbar nach § 823.

I. Anspruch gegen den verklagten Besitzer, § 989

Ab **Rechtshängigkeit der Klage auf Herausgabe der Sache** nach § 985 haftet der Besitzer auf Schadenersatz. Auf Schäden zwischen Anhängigkeit und Rechtshängigkeit erstreckt sich der Anspruch nicht. Auch § 167 ZPO findet keine Anwendung, da es nicht um die Wahrung einer Frist geht, sondern darum, ob der Besitzer weiß, dass gegen ihn ein Herausgabeanspruch geltend gemacht wird.

§ 989 ist lex specialis zu §§ 280 Abs. 1 u. 3, 283. **§§ 280 Abs. 1 u. 3, 281** (insb. § 281 Abs. 4) ist hingegen **auf den Anspruch aus § 985 anwendbar**, näher BGH RÜ 2016, 681 und BGH RÜ 2018, 94.

Die Haftung besteht für eine Verschlechterung der Sache, ihren Untergang oder eine anderweitige Unmöglichkeit der Herausgabe. Eine **Verschlechterung** kann auf einer Beschädigung, dem Unterlassen einer Reparatur oder auch der bloßen Abnutzung der Sache beruhen. Nach h.M. genügt im Übrigen jede **Unmöglichkeit der Herausgabe**. Dies ist insbesondere der Fall bei Verarbeitung, Vermischung, Verbrauch, Verlust der Sache oder Weitergabe an einen Dritten.

Aufbauschema: Ansprüche aus § 989 bzw. §§ 989, 990

I. EBV im Zeitpunkt der Schädigung

II. Rechtshängigkeit bzw. Bösgläubigkeit

III. Verschulden

IV. Kausaler Schaden aufgrund der Verschlechterung oder Unmöglichkeit

Der Besitzer muss die Verschlechterung oder anderweitige Unmöglichkeit der Herausgabe **verschuldet** haben, also vorsätzlich oder fahrlässig gehandelt haben. Das Verschulden eines (zur Erfüllung des Anspruchs aus § 985 eingesetzten) Erfüllungsgehilfen ist dem Besitzer nach **§ 278 S. 1 Var. 2** zuzurechnen. Für Minderjährige gelten die §§ 827, 828.

Zu ersetzen ist nach den **§§ 249 ff.** der **durch die Verschlechterung oder Unmöglichkeit der Herausgabe entstandene Schaden**. Dazu gehört auch ein entgangener Gewinn, **nicht** aber der durch die **Vorenthaltung** der Sache entstandene Schaden.

Der **Vorenthaltungsschaden** ist nur im Falle des § 990 Abs. 1 und dann nur nach den §§ 990 Abs. 2, 286 ff. unter den Voraussetzungen des Verzugs ersatzfähig.

II. Anspruch gegen den bösgläubigen Besitzer, §§ 989, 990

Wie beim Nutzungsersatz (Details siehe dort, S. 11) ist (nur) das Erfordernis der **Rechtshängigkeit** des § 989 entbehrlich, wenn **stattdessen** der Besitzer den in § 990 Abs. 1 beschriebenen **Wissensstand** hatte, § 990 Abs. 1.

III. Anspruch gegen den bösgläubigen Besitzer im Schuldnerverzug, §§ 990 Abs. 2, 286 ff.

Der unrechtmäßige Besitzer, der den von § 990 Abs. 1 geforderten **Wissensstand** hat und der mit der **Herausgabe der Sache im Verzug** ist, haftet gemäß §§ 990 Abs. 2 verschärft:

Für eine Haftung nach §§ 989, 990 Abs. 1 kann also eine **doppelte Fahrlässigkeitsprüfung**, aber mit **ganz verschiedenen Merkmalen** erforderlich sein:

- §§ 990 Abs. 1 S. 1, 932 Abs. 2: mindestens **grob fahrlässige Unkenntnis** vom Mangel des Besitzrechts;

- § 989: mindestens **fahrlässige Herbeiführung** des Untergangs/der Verschlechterung/ der Unmöglichkeit

- Er muss nicht nur, wie in den Fällen des § 989, den Wert und den entgangenen Gewinn ersetzen, sondern hat auch den **Vorenthaltungsschaden** nach §§ 280 Abs. 1 u. 2, 286 auszugleichen und

- er haftet nach Maßgabe des § 287 S. 2 für **Zufall**, also schuldlose Schäden.

Eine **Klageerhebung macht nicht zwingend bösgläubig**, insbesondere wenn der Besitzer weiterhin an sein Besitzrecht glaubt und die Klage für unberechtigt hält.

Sinn und Zweck des § 991 Abs. 2: Der Fremdbesitzer, der für einen Dritten besitzt, soll dem Eigentümer auch dann haften, wenn dieser einen Schaden, aber keinen Anspruch aus §§ 989, 990 hat. Dem Dritten gegenüber würde er nämlich auch nicht haften, weil dieser zwar dem Grunde nach einen vertraglichen Anspruch, aber dieser mangels Schadens eine Höhe von Null hat.

Dies erinnert an die **Drittschadensliquidation**, wobei bei dieser allerdings der Schaden zum Anspruch gezogen wird, während § 991 Abs. 2 **umgekehrt** dem geschädigten Eigentümer einen Anspruch verschafft.

Ein **deliktischer Besitzer kann** durchaus gutgläubig i.S.d. § 990 Abs. 1 **sein:** Auch wer annimmt, besitzen zu dürfen, darf sich die Sache nicht durch verbotene Eigenmacht beschaffen (vgl. § 863). Er haftet dann bei nachfolgender schuldhafter Eigentumsverletzung als „deliktisch gutgläubiger Besitzer".

§ 990 Abs. 2 gilt nach seiner systematischen Stellung **nicht** bei einem **nur verklagten**, aber unwissenden Besitzer. Ein Besitzer kann allerdings auch **sowohl verklagt als auch wissend** sein, dann ist § 990 Abs. 2 trotz Klageerhebung anwendbar.

IV. Anspruch gegen den gutgläubigen Fremdbesitzer, §§ 991 Abs. 2, 989

Der Eigentümer hat **auch gegen den gutgläubigen Besitzer** einen Schadensersatzanspruch, wenn der Besitzer **Fremdbesitzer** (vgl. § 872) ist:

- Besitzt der Fremdbesitzer die Sache nicht für den Eigentümer, sondern **für einen Dritten**, so soll er dem Eigentümer gegenüber haften, soweit er auch dem Dritten gegenüber aus dem Besitzmittlungsverhältnis auf Schadensersatz haften würde. In dieser Situation besteht kein schutzwürdiges Vertrauen des Besitzers, bei Beschädigung der Sache nicht – sei es gegenüber seinem Vertragspartner oder dem Eigentümer – haften zu müssen (sog. **Fremdbesitzerexzess im 3-Personen-Verhältnis**).

- Die Haftung des Fremdbesitzers, der unmittelbar **für den Eigentümer** besitzt, ist im EBV hingegen nicht ausdrücklich geregelt. Der gutgläubige Fremdbesitzer, der aufgrund eines unwirksamen Vertrags (also objektiv ohne Besitzrecht) für den Eigentümer besitzt, glaubt aber, dass er dem Eigentümer aus §§ 280 ff. haften muss, sodass die Privilegierung in § 993 Abs. 1 S. 1 Hs. 2 unbillig wäre. Nach h.M. kann ein gutgläubiger Fremdbesitzer, der die Grenzen seines vermeintlichen Besitzrechts überschreitet, daher unmittelbar nach §§ 823 ff. auf **Schadensersatz** in Anspruch genommen werden (sog. **Fremdbesitzerexzess im 2-Personen-Verhältnis**). Die Gegenansicht wendet § 991 Abs. 2 analog an.

Der Streit hat **Relevanz**, wenn ein **Gehilfe des Besitzers die Sache beschädigt**. Bei direkter Anwendung des Deliktsrechts hat der Besitzer die Möglichkeit der Exkulpation im Rahmen des § 831. Bezüglich § 991 Abs. 2 (direkt oder analog) gilt hingegen – das EBV ist ein gesetzliches Schuldverhältnis – § 278 S. 1 Var. 2, der keine Exkulpation vorsieht.

V. Anspruch gegen den deliktischen Besitzer, § 992 i.V.m. §§ 823 ff. bzw. § 858

Der gutgläubige oder bösgläubige Besitzer, der sich den **Besitz durch verbotene Eigenmacht oder Straftat verschafft** hat (§ 992), haftet nach den Regeln der unerlaubten Handlung, §§ 823 ff. Es sind also zwei Tatbestände zu verwirklichen, in der Regel (aber nicht zwingend, näher AS-Skript Sachenrecht 1 [2018], Rn. 564) zeitlich gestaffelt:

- **§ 992:** Die **Besitzverschaffung** muss durch verbotene Eigenmacht oder eine Straftat erfolgen.

- **§ 823 Abs. 1:** Der Handelnde muss eine schuldhafte rechtswidrige **Eigentumsverletzung während der Besitzzeit** begangen haben. § 992 enthält eine **Rechtsgrundverweisung**, sodass der objektive und subjektive Tatbestand des § 823 Abs. 1 verwirklicht sein müssen.

Eine **Straftat** i.S.d. § 992 setzt voraus, dass eine Strafnorm verletzt ist, die sich gegen die Art und Weise der **Besitzverschaffung** richtet. Diese Norm muss nicht den Schutz des Eigentums bezwecken. Die gemäß § 823 Abs. 1 erforderliche schuldhafte rechtswidrige Eigentumsverletzung liegt in diesem Fall bereits vor, wenn der Täter wusste bzw. infolge Fahrlässigkeit nicht wusste, dass er nicht Eigentümer ist.

Beispiele aus dem StGB: § 242; § 249; § 263; § 246 nur, wenn die Unterschlagung während der Besitzzeit und nicht bereits bei Besitzerlangung (Fundunterschlagung) erfolgt.

Nach h.M. muss der Besitzer – entgegen dem Wortlaut des § 992 – eine **schuldhaft verbotene Eigenmacht** begangen haben. Andernfalls bestände ein Wertungswiderspruch zur Alternative der Besitzverschaffung durch eine Straftat, welche stets schuldhaftes Handeln erfordert. Eine schuldhaft verbotene Eigenmacht liegt vor, wenn der Handelnde weiß oder nur aus Fahrlässigkeit nicht weiß, dass er eine verbotene Eigenmacht begeht.

Eine verbotene Eigenmacht besteht häufig in **Verwechslungsfällen**, z.B. an der Garderobe in einer Kneipe**:** Nimmt der Handelnde im Zeitpunkt des **Besitzentzugs** an, er sei Eigentümer der ergriffenen Jacke, so begeht er eine verbotene Eigenmacht, sofern er nicht ohne Fahrlässigkeit davon ausgehen durfte, Eigentümer der Jacke zu sein. Liegt also eine fahrlässige Verwechslung vor, so haftet der Handelnde über §§ 992, 823 Abs. 1 letztlich gemäß § 848 auch für eine zufällige Verschlechterung.

E. Deliktische Schadensersatzansprüche

Die klausurrelevantesten Ansprüche auf Schadensersatz ergeben sich aus dem Deliktsrecht.

I. Anspruch aus § 823 Abs. 1

Der Grundtatbestand des Deliktsrechts ist der Anspruch aus § 823 Abs. 1. Die Ansprüche aus § 823 Abs. 2 und § 831 sind neben § 823 Abs. 1 anwendbar. Gleiches gilt für die Ansprüche aus den §§ 7, 18 StVG und § 1 ProdHaftG.

1. Rechts(gut)verletzung

Geschützte Rechtspositionen sind das Leben, der Körper, die Gesundheit und die Freiheit (= Rechtsgüter) sowie das Eigentum und sonstige Rechte. Da das Eigentum das einzige in § 823 Abs. 1 genannte Recht ist, müssen die sonstigen Rechte mit dem Eigentum vergleichbar sein, also muss es sich um absolute Rechte handeln, die – wie das Eigentum – gegen jedermann gerichtet sind.

a) Eine Verletzung des **Lebens** liegt vor, wenn der Tod eines Menschen eingetreten ist. Maßgeblich dafür ist nach h.M. der Hirntod.

b) Körperverletzung bedeutet einen **äußeren Eingriff** in die körperliche Unversehrtheit. Eine tatbestandliche Körperverletzung ist auch der ärztliche Heileingriff. Lediglich die Rechtswidrigkeit entfällt, wenn der Eingriff von einer wirksamen Einwilligung gedeckt ist.

c) Gesundheitsverletzung ist die medizinisch erhebliche – also aus ärztlicher Sicht behandlungsbedürftige – **Störung der körperlichen, geistigen oder seelischen Lebensvorgänge**. Um eine Haftungsausuferung zu vermeiden, sind psychische Beeinträchtigungen nur dann eine Gesundheitsverletzung, wenn ein medizinisch diagnostizierbares Krankheitsbild gegeben ist (z.B. Depressionen).

d) Eine **Freiheitsverletzung** ist gegeben, wenn eine nicht nur unerhebliche Beeinträchtigung der **körperlichen Bewegungsfreiheit** gegen den Willen des Betroffenen vorliegt.

e) Eigentum ist das umfassende Herrschaftsrecht über eine Sache. Es gibt nach **§ 903 S. 1** das Recht, mit der Sache nach Belieben zu verfahren (Nutzungsrecht) und andere von jeder Einwirkung auszuschließen (Abwehrrecht). Eine Eigentumsverletzung ist gegeben, wenn die rechtliche Zuordnung verändert wird, z.B. durch Veräußerung einer Sache durch einen Nichtberechtigten oder Pfändung und Versteigerung einer schuldnerfremden Sache. Eine dauernde oder auch nur vorübergehende Entziehung der Sachherrschaft stellt ebenfalls, wie eine Substanzverletzung, eine Eigentumsverletzung dar.

Aufbauschema:
Anspruch aus § 823 Abs. 1

I. Rechts(gut)verletzung

II. Durch Verhalten des Anspruchsgegners

III. Rechtswidrigkeit

IV. Verschulden

V. **Rechtsfolgen:** Schadensersatz (§ 249 ff.)

Zum tödlichen Unfalls bei einer **„Coldwater-challenge"** OLG Hamm RÜ 2018, 213

Der Geldentschädigungsanspruch wegen Persönlichkeitsrechtsverletzung ist grds. **unvererblich**, vgl. BGH RÜ 2017, 765.

Verkehrssicherungspflicht besteht grundsätzlich nur gegenüber Personen, die befugt mit der Gefahrenquelle in Kontakt kommen. Ausnahme: auch gegenüber Unbefugten, wenn diese nicht in der Lage sind, Gefahrenlagen zu erkennen – z.B. Kinder.

Beim **Unterlassen** muss das pflichtgemäße Verhalten hinzugedacht und geprüft werden, ob dann der konkrete Erfolg mit an Sicherheit grenzender Wahrscheinlichkeit nicht eingetreten wäre.

f) Sonstige Rechte i.S.d. § 823 Abs. 1 sind absolute Rechte, die gegen jedermann gerichtet sind. Dies sind z.B. beschränkt dingliche Rechte, Anwartschaftsrechte, das allgemeine Persönlichkeitsrecht und das Recht am eingerichteten und ausgeübten Gewerbebetrieb.

Beispiel: Unternehmer A wird von seiner Belegschaft bestreikt. In diesem Fall liegt ein betriebsbezogener Eingriff in einen eingerichteten und ausgeübten Gewerbebetrieb vor. Ob der Eingriff rechtswidrig ist, hängt davon ab, ob der Streik nach arbeitsrechtlichen Grundsätzen rechtmäßig oder rechtswidrig war.

Vermögens- und Forderungsrechte sind dagegen keine sonstigen Rechte i.S.d. § 823 Abs. 1.

2. Durch Verhalten des Anspruchsgegners

Die Haftung aus § 823 Abs. 1 setzt ferner voraus, dass die Rechts(gut)verletzung durch ein **Verhalten des Anspruchsgegners** verursacht worden ist.

a) Verhalten i.S.v. § 823 Abs. 1 können sowohl **positives Tun als auch Unterlassen** sein (Abgrenzung nach Schwerpunkt der Vorwerfbarkeit). Unterlassen ist jedoch nur dann ein tatbestandsmäßiges Verhalten, wenn eine Rechtspflicht zum Handeln besteht. Eine derartige Rechtspflicht zum Handeln kann sich insbesondere aus einer allgemeinen **Verkehrssicherungspflicht** ergeben, die für jeden besteht, der in seinem Verantwortungsbereich eine Gefahrenquelle eröffnet oder andauern lässt (z.B. Bauarbeiten). Verletzt ist die Verkehrssicherungspflicht, wenn die erforderlichen und zumutbaren Maßnahmen nicht ergriffen worden sind.

b) Zwischen Verletzungshandlung und Rechts(gut)verletzung muss ein ursächlicher Zusammenhang bestehen, sog. **haftungsbegründende Kausalität**.

Nach der Kausalität i.S.d. **Äquivalenztheorie** ist jede Bedingung ursächlich, die nicht hinweggedacht werden kann, ohne dass der konkrete Erfolg entfiele (conditio sine qua non). Ferner muss ein **adäquater Zusammenhang** zwischen dem Verhalten und dem Verletzungserfolg bestehen. Adäquat kausal ist ein Umstand, der aufgrund objektiv nachträglicher Prognose vom Standpunkt des optimalen Beobachters und nach den dem Handelnden bekannten Umständen generell geeignet ist, einen solchen Erfolg allein oder im Zusammenwirken mit anderen Umständen herbeizuführen.

Schließlich muss ggf. noch ein Zurechnungszusammenhang nach der **Lehre vom Schutzzweck der Norm** geprüft werden.

aa) Erforderlich ist diese Prüfung zum einen bei einer **mittelbaren Verursachung**, wenn also das Verhalten des Geschädigten oder eines Dritten dazwischen getreten ist.

Der Verletzungserfolg ist in diesem Fall dem Schädiger nur zuzurechnen, wenn er eine Verhaltenspflicht verletzt hat, die den Eintritt dieses Erfolgs gerade verhindern soll **(Pflichtwidrigkeitszusammenhang)**. Dieser Pflichtwidrigkeitszusammenhang kann sich aus einer speziell geregelten Verhaltenspflicht oder einer allgemeinen Verkehrssicherungspflicht ergeben. Darüber hinaus kann die Zurechnung über die von der Rspr. entwickelte **Herausforderungsformel** erfolgen: Wer einen anderen zu selbstgefährdendem Verhalten herausfordert, ist diesem anderen zum Ersatz des Schadens verpflichtet, der infolge des durch die Herausforderung gesteigerten Risikos entstanden ist, wenn ein angemessenes Verhältnis zwischen dem Zweck der herausgeforderten Handlung und dem erkennbaren Risiko bestanden hat.

bb) Nach der Lehre vom Schutzzweck der Norm werden dem Schädiger grundsätzlich auch **anlagebedingte Verletzungserfolge** zugerechnet (Ausnahme: extreme Anfälligkeit). Darüber hinaus werden ihm sog. **Schockschäden** zugerechnet, wenn nahe Angehörige verletzt worden sind oder dem vom Schock Betroffenen die schockierende Situation vom Schädiger aufgezwungen wurde.

Beispiel: B verursacht schuldhaft einen Unfall, bei dem M stirbt. F, die Ehefrau des M, erleidet bei der Mitteilung vom Unfalltod einen Nervenzusammenbruch, der ärztlich behandelt werden musste.

Zwar hat das Verhalten des B nicht unmittelbar die Gesundheit der F verletzt, sondern der Nervenzusammenbruch erfolgte erst nach der Information über den Tod ihres Mannes. Diese mittelbare Verursachung der Gesundheitsverletzung wird B jedoch nach der Lehre vom Schutzzweck der Norm wegen der persönlichen Nähebeziehung zwischen den Ehegatten zugerechnet.

3. Rechtswidrigkeit

Nach h.M. wird die Rechtswidrigkeit durch die Verwirklichung des Tatbestands im Regelfall indiziert und entfällt nur, wenn zugunsten des Schädigers besondere **Rechtfertigungsgründe** eingreifen. Anerkannte Rechtfertigungsgründe sind u.a.:

- Notwehr, § 227
- Verteidigungsnotstand, § 228
- Selbsthilfe, § 229
- Aggressiver Notstand, § 904
- rechtfertigende Einwilligung

Eine rechtfertigende Einwilligung durch ein „Handeln auf eigene Gefahr" setzt voraus, dass das Verhalten des Geschädigten ohne künstliche Unterstellung als Einwilligung in die als möglich vorgestellte Rechtsgutverletzung aufgefasst werden kann: Das kann bei **besonders gefährlichen Sportarten** (z.B. Boxen) angenommen werden.

4. Verschulden

Für eine Haftung aus § 823 Abs. 1 ist schließlich noch ein Verschulden des Schädigers erforderlich. Dies setzt zunächst Verschuldensfähigkeit (Deliktsfähigkeit) des Täters voraus, vgl. §§ 827, 828, und es muss eine der in § 823 Abs. 1 genannten **Schuldformen – Vorsatz oder Fahrlässigkeit** – vorliegen. Vorsatz bedeutet Wissen und Wollen des Erfolgs und das Bewusstsein der Rechtswidrigkeit, sodass bei einem Irrtum über die Rechtswidrigkeit der Vorsatz ausgeschlossen ist. Gemäß § 276 Abs. 2 handelt fahrlässig, wer die im Verkehr erforderliche Sorgfalt außer Acht lässt.

Während die **Verschuldensfähigkeit** in einer Klausur nur erörtert werden sollte, wenn der Sachverhalt dazu Anlass bietet, muss der Verschuldensgrad (Vorsatz oder Fahrlässigkeit) des Schädigers dagegen in einer Klausur immer (kurz) angesprochen werden.

5. Rechtsfolge

Als Rechtsfolge (haftungsausfüllender Tatbestand) muss der Schädiger dem Anspruchsteller den aus der Rechts(gut)verletzung entstandenen Schaden gemäß **§§ 249 ff.** ersetzen.

Der zu ersetzende **Schaden** wird dabei nach der Differenzhypothese (Differenzmethode) ermittelt. Ferner muss ein Kausalzusammenhang zwischen der Rechts(gut)verletzung und dem Schaden bestehen, **haftungsausfüllende Kausalität**. Der Schadensausgleich erfolgt gemäß §§ 249 ff. vorrangig nach dem Grundsatz der Naturalrestitution und nur, wenn die Naturalrestitution unmöglich, ungenügend oder unverhältnismäßig ist, greift Schadenskom-

Zur **psychischen Beeinträchtigung eines Polizisten durch** einen **Amoklauf** BGH RÜ 2018, 490.

Auf einzelne Rechtfertigungsgründe ist in einer **Klausur** nur einzugehen, wenn der Sachverhalt dazu entsprechenden Anlass gibt.

pensation gemäß § 251 ein. Außerdem ist ein etwaiges **Mitverschulden** gemäß § 254 zu berücksichtigen.

II. Anspruch aus § 823 Abs. 2

Eigenständige Bedeutung erlangt der Anspruch aus § 823 Abs. 2, wenn es um den Schutz von Rechtspositionen geht, die nicht von § 823 Abs. 1 erfasst sind – also z.B. wenn es um den Ersatz reiner (primärer) Vermögensbeeinträchtigungen geht.

1. Schutzgesetzverletzung

a) Um ein **Schutzgesetz** i.S.v. § 823 Abs. 2 zu sein, muss es sich bei der betroffenen Norm zum einen um ein Gesetz i.S.v. **Art. 2 EGBGB** handeln. Darunter fällt jede Rechtsnorm, also nicht nur formelle Gesetze, sondern auch Satzungen, Verordnungen, sogar Gewohnheitsrecht. Zum anderen muss die Regelung Befehlscharakter haben.

Außerdem ist erforderlich, dass die Norm den **Schutz des Einzelnen oder eines bestimmten Personenkreises** (zumindest auch) bezweckt. Die Regelung muss daher überhaupt individualschützenden Charakter haben, der Anspruchsteller muss zum geschützten Personenkreis (persönlicher Individualschutz) gehören und sein Interesse muss vom sachlichen Schutzbereich der Regelung erfasst werden.

Beispiel: Nach einer Prügelei zwischen A und B kann A seine Heilbehandlungskosten für die von B gebrochene Rippe über § 823 Abs. 2 i.V.m. § 223 StGB ersetzt verlangen, aber nicht die Kosten für seine bei der Schlägerei von B absichtlich zerrissene Jacke, da der sachliche Schutzbereich des § 223 StGB die körperliche Integrität erfasst, aber nicht den Schutz der Sachsubstanz. Ersatz für die zerrissene Jacke kann A vielmehr von B über § 823 Abs. 2 i.V.m. § 303 StGB verlangen.

b) Die **Verletzung** des Schutzgesetzes durch den Schädiger beurteilt sich nach den für das jeweilige Schutzgesetz geltenden Regeln. D.h., bei einer Strafnorm als Schutzgesetz i.S.v. § 823 Abs. 2 (etwa § 223 StGB) müssen der gesamte objektive und subjektive Tatbestand nach strafrechtlichen Maßstäben verwirklicht sein.

2. Rechtswidrigkeit

Die Rechtswidrigkeit wird durch die Verwirklichung des Tatbestands indiziert und entfällt nur, wenn Rechtfertigungsgründe eingreifen.

Die Verschuldensfähigkeit bestimmt sich – auch bei einer Strafnorm als Schutzgesetz – nach den zivilrechtlichen Regeln der §§ 827, 828!

3. Verschulden

Bei der Prüfung des **Verschuldens** muss differenziert werden:

- Erfordert das Schutzgesetz selbst einen bestimmten Verschuldensgrad, muss dieser – nach den Regeln des Schutzgesetzes – vorliegen;

- verlangt das Schutzgesetz kein Verschulden, ist Verschulden i.S.v. § 276 erforderlich, sodass der Schädiger zumindest fahrlässig gehandelt haben muss.

4. Rechtsfolgen

Als Rechtsfolge (haftungsausfüllender Tatbestand) muss der Schädiger den aus der Schutzgesetzverletzung entstandenen Schaden gemäß **§§ 249 ff.** ersetzen.

III. Anspruch aus § 831 Abs. 1

Der Anspruch aus § 831 Abs. 1 erfordert zunächst – neben dem geschädigten Anspruchsteller – das Vorhandensein zweier Personen, nämlich den Geschäftsherrn und den Verrichtungsgehilfen.

1. Geschäftsherr

Geschäftsherr ist, wer einen anderen zu einer Verrichtung bestellt.

2. Verrichtungsgehilfe

Verrichtungsgehilfe ist derjenige, der mit Wissen und Wollen des Geschäfts-herrn in dessen Interesse tätig wird und **von dessen Weisungen abhängig** ist; dabei ist maßgeblich, dass der Geschäftsherr die Tätigkeit des Handelnden jederzeit beschränken, untersagen oder nach Zeit und Umfang bestimmen kann.

Wer durch Vertrag mit dem Geschäftsherrn die Aufgabe übernommen hat, die Verrichtungsgehilfen auszuwählen und/oder zu überwachen, ist kein Ge-schäftsherr i.S.v. § 831 Abs. 1, er haftet aber ggf. aus § 831 Abs. 2.

3. Tatbestandsmäßige und rechtswidrige unerlaubte Handlung des Verrichtungsgehilfen

Der Verrichtungsgehilfe muss eine **unerlaubte Handlung tatbestandsmä-ßig und rechtswidrig verwirklicht** haben. Dabei muss es sich nicht um eine unerlaubte Handlung aus dem BGB handeln, sondern diese kann auch in ei-nem anderen Gesetz – z.B. dem UWG – geregelt sein.

Auf ein Verschulden des Verrichtungsgehilfen kommt es nicht an, da es sich bei § 831 um eine Haftung für **eigenes Verschulden des Geschäftsherrn** han-delt.

> Die unerlaubte Handlung des Verrich-tungsgehilfen muss in einer Klausur an dieser Stelle inzident durchgeprüft wer-den, es sei denn, man hat dessen Haf-tung bereits erörtert und kann deswe-gen nach oben verweisen.

4. In Ausführung der Verrichtung

Die unerlaubte Handlung muss vom Verrichtungsgehilfen **„in Ausführung der Verrichtung"** und nicht nur „bei Gelegenheit" begangen worden sein. Er-forderlich ist ein unmittelbarer innerer Zusammenhang zwischen der übertra-genen Verrichtung und der schädigenden Handlung.

Beispiel: Arzthelferin A stiehlt während der Behandlung des Patienten P dessen Geld-börse aus der Tasche der an der Garderobe aufgehängten Jacke.
Es besteht zwar ein äußerer Zusammenhang zwischen der übertragenen Tätigkeit und der Schadenszufügung, da A den Diebstahl nur aufgrund ihrer Beschäftigung bei dem Arzt begehen konnte. Der Diebstahl hatte aber nichts mit ihrer Tätigkeit als solcher zu tun, sodass ein innerer Zusammenhang fehlt und der Diebstahl daher „bei Gelegen-heit" erfolgte.

5. Keine Exkulpation des Geschäftsherrn

Das **Verschulden des Geschäftsherrn wird vermutet**, er kann sich aber ge-mäß § 831 Abs. 1 S. 2 exkulpieren, indem er nachweist, dass er den Verrich-tungsgehilfen **sorgfältig ausgewählt, angewiesen und beaufsichtigt** hat (Widerlegung der Verschuldensvermutung) oder dass der Schaden auch bei Anwendung dieser Sorgfalt entstanden wäre (Widerlegung der Kausalitäts-vermutung). Nach h.M. bezieht sich die Exkulpation auf den Zeitpunkt der schädigenden Handlung, sodass eine sorgfältige Auswahl und Kontrolle bei der Einstellung nicht genügt. Der Geschäftsherr muss vielmehr nachweisen, dass er den Verrichtungsgehilfen auch in der Folgezeit ausreichend kontrol-liert hat.

> Für Großunternehmer hat die Rspr. den sog. **dezentralisierten Entlastungsbe-weis** entwickelt: Der Geschäftsherr braucht sich nur bzgl. der Auswahl- und Überwachung der zwischengeschalte-ten Auswahl-/Überwachungsperson zu exkulpieren.

6. Rechtsfolgen

Als Rechtsfolge (haftungsausfüllender Tatbestand) muss der Schädiger den aus der unerlaubten Handlung des Verrichtungsgehilfen entstandenen Scha-den gemäß **§§ 249 ff.** ersetzen.

Aufbauschema:
Anspruch aus § 7 Abs. 1 StVG

I. Rechts(gut)verletzung

II. Bei Betrieb

III. Anspruchsgegner ist Halter

IV. Kein Ausschluss
(§ 7 Abs. 2 u. 3, §§ 8, 8 a, 15 StVG)

V. Rechtsfolgen: Schadensersatz
(§§ 9 ff. StVG i.V.m. §§ 249 ff.)

Da es sich bei § 7 Abs. 1 StVG um einen **Gefährdungshaftungstatbestand** handelt, wird keine Einschränkung nach der Adäquanztheorie gemacht. Stattdessen muss geprüft werden, ob sich die typische Gefahr, derentwegen die Norm geschaffen wurde, realisiert hat.

Da der Fahrer sich der Haftung aus § 18 StVG bereits durch Widerlegung der Verschuldensvermutung entziehen kann, gilt der Ausschlussgrund der **höheren Gewalt** gemäß § 7 Abs. 2 StVG im Rahmen der Fahrerhaftung des § 18 Abs. 1 StVG nicht.

§ 17 Abs. 2 StVG gilt als Spezialvorschrift nach h.M. **für alle Anspruchsgrundlagen** – also auch für Ansprüche gemäß §§ 823 ff.

IV. Anspruch aus § 7 Abs. 1 StVG

Der verschuldensunabhängige Anspruch aus § 7 Abs. 1 StVG regelt die sog. Halterhaftung.

1. Rechts(gut)verletzung

Erforderlich ist zunächst eine Verletzung des Lebens, des Körpers, der Gesundheit oder die Beschädigung einer Sache.

2. Bei Betrieb

Die Rechts(gut)verletzung muss **bei Betrieb des Kfz** (i.S.v. § 1 Abs. 2 StVG) **oder eines Anhängers**, der dazu bestimmt ist, von einem Kfz mitgeführt zu werden, geschehen sein. D.h., dass die Rechts(gut)verletzung durch den Betrieb des Kfz äquivalent kausal verursacht worden sein muss.

Darüber hinaus muss sich bei dem Unfall die **Betriebsgefahr des Kfz realisiert** haben. Nach der heute herrschenden **verkehrstechnischen Auffassung** realisiert sich die Betriebsgefahr, wenn sich das Kfz im öffentlichen Verkehrsraum bewegt oder in verkehrsbeeinflussender Weise darin ruht. Nach der (engeren) maschinentechnischen Auffassung realisiert sich die Betriebsgefahr nur, solange das Kfz durch die Motorkraft bewegt wird. Für die verkehrstechnische Auffassung spricht, dass grundsätzlich auch von einem liegen gebliebenen oder parkenden Kfz Gefahren für die übrigen Verkehrsteilnehmer ausgehen können.

3. Anspruchsgegner ist Halter

Der Anspruchsgegner muss Halter des Kfz sein. Das ist derjenige, der das Kfz bzw. den Anhänger **für eigene Rechnung in Gebrauch** hat und die **Verfügungsgewalt** darüber besitzt.

4. Kein Ausschluss gemäß § 7 Abs. 2 StVG

Die Ersatzpflicht darf nicht gemäß § 7 Abs. 2 StVG wegen **höherer Gewalt** ausgeschlossen sein. Damit sollen Risiken ausgeschlossen werden, die mit dem Kfz-Betrieb nichts zu tun haben und daher diesem nicht zuzurechnen sind; in erster Linie kommen **unvorhersehbare Naturereignisse**, wie etwa ein Erdbeben, ein Erdrutsch oder ein Blitzeinschlag in Betracht.

5. Kein Ausschluss gemäß §§ 7 Abs. 3, 8, 8 a, 15 StVG

Schließlich darf die Haftung nicht gemäß §§ 7 Abs. 3, 8, 8 a, 15 StVG ausgeschlossen sein (dazu unten S. 37).

6. Rechtsfolgen

Als Rechtsfolge (haftungsausfüllender Tatbestand) muss der Halter dem Geschädigten den aus der Rechts(gut)verletzung entstandenen Schaden gemäß §§ 9 ff. StVG i.V.m. §§ 249 ff. ersetzen. Dabei sind die **Haftungshöchstbeträge** in den **§§ 12, 12 a StVG** und bei Mitverschulden des Geschädigten die Sonderregeln § 17 Abs. 2 StVG und § 9 StVG zu beachten.

- Wenn sowohl für den Anspruchsteller als auch für den Anspruchsgegner das StVG gilt – also beide Halter oder Fahrer eines Kfz sind – erfolgt die Kürzung gemäß § 17 Abs. 2 StVG. Gemäß § 17 Abs. 3 StVG ist die Ausgleichspflicht allerdings ausgeschlossen, wenn der Unfall durch ein unabwendbares Ereignis verursacht worden ist; maßgeblich ist dabei das Verhalten eines sog. **Idealfahrers**;

- wenn für den Anspruchsteller nicht das StVG gilt – er also nicht Halter oder Fahrer eines Kfz ist, sondern z.B. Fußgänger oder Radfahrer – erfolgt die Kürzung gemäß § 9 StVG i.V.m. § 254.

V. Anspruch aus § 18 Abs. 1 StVG

Während in § 7 Abs. 1 StVG die Halterhaftung geregelt ist, statuiert der Anspruch aus § 18 Abs. 1 StVG die sog. **Fahrerhaftung**. Ist der Fahrer gleichzeitig der Kfz-Halter, müssen in einer Klausur sowohl eine Haftung aus § 7 StVG als auch aus § 18 StVG geprüft werden.

1. Rechts(gut)verletzung bei Betrieb

Die Verletzung des Lebens, des Körpers, der Gesundheit oder die Beschädigung einer Sache muss bei Betrieb des Kfz (i.S.v. § 1 Abs. 2 StVG) oder eines Anhängers, der dazu bestimmt ist, von einem Kfz mitgeführt zu werden, geschehen sein (vgl. dazu die Ausführungen zur Halterhaftung gemäß § 7 StVG oben S. 36).

2. Anspruchsgegner ist Fahrer

Der Anspruchsgegner muss der Fahrer des Kfz gewesen sein.

3. Keine Exkulpation des Fahrers

Das **Verschulden** des Fahrers wird gemäß § 18 Abs. 1 S. 2 StVG **vermutet**, er kann sich jedoch exkulpieren, indem er nachweist, dass er die gewöhnliche, verkehrserforderliche Sorgfalt angewendet hat.

4. Kein Ausschluss gemäß §§ 8, 8 a, 15 StVG

Schließlich darf die Haftung nicht gemäß §§ 8, 8 a, 15 StVG ausgeschlossen sein. Zu beachten ist, dass ein vertraglicher Haftungsausschluss nach § 8 a StVG nur möglich ist, wenn es sich nicht um eine entgeltliche, geschäftsmäßige Personenbeförderung handelt. Für die praktische Abwicklung ist außerdem dringend darauf zu achten, dass der Anspruch gemäß § 15 StVG erlischt, wenn der Geschädigte nicht innerhalb von **zwei Monaten nach Kenntnis** vom Schaden und der Person des Schädigers den Unfall dem Ersatzpflichtigen **anzeigt**.

5. Rechtsfolgen

Als Rechtsfolge (haftungsausfüllender Tatbestand) muss der Fahrer dem Geschädigten den aus der Rechts(gut)verletzung entstandenen Schaden gemäß **§§ 9 ff. StVG** i.V.m. **§§ 249 ff.** ersetzen (vgl. bereits oben S. 36).

VI. Anspruch aus § 1 Abs. 1 S. 1 ProdHaftG

Die Haftung gemäß § 1 Abs. 1 S. 1 ProdHaftG lässt die Haftung aufgrund anderer Vorschriften unberührt, vgl. **§ 15 Abs. 2 ProdHaftG**, sodass daneben eine Haftung aus § 823 Abs. 1 zu prüfen ist.

1. Anwendbarkeit

Das Produkthaftungsgesetz ist gemäß **§ 16** i.V.m. **§ 19 ProdHaftG** in **zeitlicher Hinsicht** nur anwendbar auf Produkte, die nach dem 01.01.1990 in den Verkehr gebracht worden sind.

2. Rechts(gut)verletzung

Es muss eine Verletzung des Lebens, des Körpers, der Gesundheit oder die Beschädigung einer Sache gegeben sein.

Bei der Tötung sowie Körper- und Gesundheitsverletzungen ist jedermann geschützt. Im Fall der Sachbeschädigung muss gemäß § 1 Abs. 1 S. 2 ProdHaftG eine andere Sache als das fehlerhafte Produkt beschädigt worden sein und diese **andere Sache** muss ihrer Art nach gewöhnlich **für den privaten Ge- oder Verbrauch** bestimmt und hierzu vom Geschädigten hauptsächlich verwendet worden sein.

Aufbauschema:
Anspruch aus § 18 Abs. 1 StVG

I.   Rechts(gut)verletzung
II. Bei Betrieb
III. Anspruchsgegner ist Fahrer
IV. Keine Exkulpation des Fahrers
V.   Kein Ausschluss (§§ 8, 8 a StVG)
VI. **Rechtsfolgen:** Schadensersatz (§§ 9 ff. StVG i.V.m. §§ 249 ff.)

Diese Ausschlussgründe sollten in einer **Klausur** nur erörtert werden, wenn und soweit der Sachverhalt dazu Anlass gibt.

Aufbauschema: Anspruch aus § 1 Abs. 1 S. 1 ProdHaftG

I.   Anwendbarkeit
II. Rechts(gut)verletzung
III. Durch den Fehler eines Produkts
IV. Anspruchsgegner ist Hersteller
V.   Kein Ausschluss (§ 1 Abs. 2 u. 3 ProdHaftG)
VI. **Rechtsfolgen:** Schadensersatz (§§ 7 ff. ProdHaftG i.V.m. §§ 249 ff.)

Diese Einschränkung erklärt sich aus dem **Ziel** des Produkthaftungsgesetzes, den privaten Endverbraucher vor Folgeschäden fehlerhafter Produkte zu schützen.

3. Durch den Fehler eines Produkts

Die Rechts(gut)verletzung muss durch den Fehler eines Produkts verursacht worden sein.

Bei **Arzneimitteln** sind die §§ 84 ff. ArzneimittelG lex specialis, vgl. § 15 Abs. 1 ProdHaftG.

a) Produkt i.S.v. § 2 ProdHaftG sind alle beweglichen Sachen, unabhängig von ihrem Aggregatzustand und ihrer Verarbeitung.

b) Das Produkt weist einen **Fehler i.S.v. § 3 ProdHaftG** auf, wenn es zur Zeit des Inverkehrbringens nicht die Sicherheit bietet, die man berechtigterweise erwarten kann.

c) Die Rechts(gut)verletzung muss durch den Produktfehler **äquivalent kausal** verursacht worden sein. Darüber hinaus ist Kausalität i.S.d. Adäquanz nicht zu prüfen, da es sich bei § 1 ProdHaftG um einen Gefährdungshaftungstatbestand handelt, aber es kann eine Einschränkung unter dem Gesichtspunkt des Schutzzwecks der Norm geboten sein – z.B. wenn der Schaden nicht auf die spezifischen Gefahren des Produkts zurückzuführen ist.

4. Anspruchsgegner ist Hersteller

Mehrere Hersteller können für denselben Produktfehler haften. Sie haften dann gegenüber dem Geschädigten als Gesamtschuldner, vgl. § 5 ProdHaftG.

Der Anspruchsgegner muss Hersteller i.S.v. § 4 ProdHaftG sein. Das ist nach der sehr weiten Definition dieser Norm der Endprodukt-, Grundstoff- oder Teilprodukthersteller. Als Hersteller gilt aber auch der sog. Quasi-Hersteller, der sich durch das Anbringen seines Namens etc. als Hersteller ausgibt. Ferner gelten der Importeur gemäß § 4 Abs. 2 ProdHaftG als Hersteller und subsidiär auch der Lieferant, vgl. § 4 Abs. 3 ProdHaftG.

5. Kein Ausschluss gemäß § 1 Abs. 2, 3 ProdHaftG

Schließlich darf die Haftung nicht gemäß § 1 Abs. 2, 3 ProdHaftG ausgeschlossen sein. Ein weitergehender Haftungsausschluss ist gemäß § 14 ProdHaftG unwirksam.

6. Rechtsfolgen

Als Rechtsfolge (haftungsausfüllender Tatbestand) muss der Hersteller dem Geschädigten den aus der Rechts(gut)verletzung entstandenen Schaden gemäß **§§ 7 ff. ProdHaftG** i.V.m. **§§ 249 ff.** ersetzen. Bei Personenschäden gilt ein Haftungshöchstbetrag von 85 Mio. €, § 10 ProdHaftG, **bei Sachschäden** trägt der Geschädigte **bis 500 €** den Schaden **selbst**, § 11 ProdHaftG.

3. Teil: Aufwendungs-, insbesondere Verwendungsersatzansprüche

A. Einleitung und Überblick

Ansprüche, die auf den Ersatz von Aufwendungen abzielen, finden sich an den verschiedensten Stellen des **BGB**. Sie können sich insbesondere aus Vertrag oder vertragsähnlichen Schuldverhältnissen, aus dem Sachen- und Bereicherungsrecht sowie aus dem Familienrecht (§§ 1648, 1835) ergeben.

Im Gegensatz zu Schäden (jede unfreiwillige Einbuße an materiellen oder immateriellen Gütern) handelt es sich bei Aufwendungen um **freiwillige Vermögensopfer**. Der **Aufwendungsbegriff** enthält also eine objektive (Vermögensopfer) und eine subjektive (Freiwilligkeit) Komponente. Ein Vermögensopfer liegt vor, wenn sich anlässlich der Ausführung das Vermögen des Aufwendenden vermindert. Eine nur ideelle Beeinträchtigung reicht nicht aus.

Richtschnur ist dabei die Entstehung von Kosten, die dem Aufwendenden entweder durch Geldleistung an Dritte oder in anderer Weise anfallen. Freiwillig ist ein Vermögensopfer, wenn der Aufwendende weiß oder zumindest billigend in Kauf nimmt, dass ihm anlässlich der Ausführung Kosten entstehen.

Ein sehr klausurrelevanter Unterfall der Aufwendungen sind die **Verwendungen**, die insbesondere im Sachenrecht von großer Bedeutung sind. Es handelt sich bei ihnen um **Aufwendungen** des Besitzers, die **der Sache zugutekommen**. Beispiel ist der Einbau von Sachen des Besitzers in die Sache des Eigentümers zum Zwecke der Erhaltung, Verbesserung oder Wiederherstellung. Dies gilt unabhängig davon, ob der Besitzer mit der Einfügung das Eigentum an den eingefügten Sachen nach § 946 verloren hat oder nicht. Keine Verwendung ist hingegen der vom Besitzer an einen Dritten (z.B. an einen Dieb) freiwillig gezahlte Kaufpreis, da dieser nicht der Sache zugute kommt.

Umstritten ist allerdings, ob es sich bei Aufwendungen auf die Sache, die diese **grundlegend umgestalten**, um Verwendungen handelt. (Dazu und den sich daraus ergebenden Konsequenzen unten D. IV., S. 44.)

Eine Übersicht über die nachstehend näher behandelten klausurrelevantesten Aufwendungsersatzansprüche ergibt folgendes **Prüfungsschema:**

I. Vertragliche Ansprüche

    1. Anspruch aus § 284

    2. Anspruch aus §§ 622, 670

II. Vertragsähnliche Ansprüche

    Anspruch aus §§ 677, 683 S. 1, 670 (GoA)

III. Sachenrechtliche Ansprüche

    1. Anspruch aus § 994 I

    2. Anspruch aus § 994 II

    3. Anspruch aus § 996

IV. Bereicherungsrechtliche Ansprüche

    Anspruch aus § 812 Abs. 1 S. 1 Alt. 2 (Verwendungskondiktion)

B. Vertragliche Ansprüche

I. Anspruch aus § 284

Bedeutung hat der Aufwendungsersatz gemäß § 284 auch bei den Gewährleistungsansprüchen des Kaufrechts über den Verweis in § 437 Nr. 3 Alt. 2. Er wird nämlich häufig neben einem Anspruch auf Rückgewähr der Kaufsache nach einem Rücktritt geltend gemacht.

1. Bestehen eines Schadensersatzanspruchs statt der Leistung

Zunächst müssen die Voraussetzungen eines Schadensersatzanspruchs statt der Leistung (§§ 280 Abs. 1 u. 3, 281 bis 283, 311a Abs. 2) vorliegen.

2. Billige Aufwendungen im Vertrauen auf die Leistung

Es muss sich um Aufwendungen, also um **freiwillige Vermögensopfer** handeln, die der Gläubiger im Vertrauen auf den Erhalt der Leistung gemacht hat und billigerweise machen durfte.

Beispiele: Vertragskosten, Maklerkosten, Einbaukosten, Abschluss von Versicherungen, Beauftragung von Transportunternehmen, Reise- und Übernachtungskosten für Konzertbesuch oder die Darlehensaufnahme zur Kaufpreisfinanzierung.

Damit die Aufwendungen im Vertrauen auf den Erhalt der Leistung getätigt worden sind, müssen sie **nach wirksamer Begründung** des Schuldverhältnisses erfolgt oder durch den Vertragsschluss veranlasst sein. Deshalb sind die Kosten der Vertragsverhandlungen nicht gemäß § 284 ersatzfähig.

Aufbauschema:
Anspruch aus § 284

I. Bestehen eines Schadensersatzanspruchs statt der Leistung

II. Vergebliche Aufwendungen im Vertrauen auf Erhalt der Leistung, die Gläubiger billigerweise machen durfte

III. Kein Ausschluss nach § 284 letzter Hs.

IV. Rechtsfolge: Ersatz frustrierter Aufwendungen

Das Erfordernis der **Billigkeit**, welches eine besondere Ausprägung der Schadensminderungspflicht aus § 254 Abs. 2 S. 1 darstellt, ist nicht erfüllt, wenn der Gläubiger im Zeitpunkt der Veranlassung oder des Entstehens der Aufwendung mit der nicht ordnungsgemäßen Leistungserbringung rechnen musste. Ebenso kann ein offensichtliches **Missverhältnis von Aufwendung und Wert der Leistung** Anlass für eine Begrenzung des Ersatzanspruchs sein.

Beispiel: Ein sehr aufwendiger Rahmen (20. 000 €) für ein Gemälde im Wert von 1.000 €

3. Kein Ausschluss gemäß § 284 letzter Hs.

Aufwendungen, die auch bei ordnungsgemäßer Erfüllung vergeblich gewesen wären, sollen nicht ersatzfähig sein. § 284 schließt im letzten Halbsatz daher Aufwendungen aus, die ihren **Zweck** auch ohne die Pflichtverletzung des Schuldners **verfehlt** hätten.

Beispiel: Kosten für die Anmietung eines Ladenlokals zum Verkauf letztlich unverkäuflicher Kunstwerke.

4. Rechtsfolgen

Gemäß § 284 kann der Gläubiger „anstelle" des Schadensersatzes statt der Leistung, also **alternativ**, Aufwendungsersatz verlangen. Diese Alternativität gilt allerdings nur für einen Schadensersatzanspruch statt der Leistung. Das Verlangen von Aufwendungsersatz aus § 284 schließt einen Anspruch auf Schadensersatz neben der Leistung nicht aus.

§ 284 nur alternativ zu Schadensersatz **statt** der Leistung; Kombination mit Schadensersatz **neben** der Leistung möglich.

Nach h.M. kann der Gläubiger trotz der Regelung des Aufwendungsersatzanspruchs in § 284 weiterhin mit dem Schadensersatzanspruch statt der Leistung den Ersatz frustrierter Aufwendungen verlangen, wenn sie rentabel gewesen wären (sog. **Rentabilitätsvermutung**).

II. Anspruch aus §§ 662, 670

1. Auftragsvertrag

Der Auftrag verpflichtet den Beauftragten gemäß **§ 662** zur **unentgeltlichen Geschäftsbesorgung.** Da der Auftraggeber dafür keine Gegenleistung schuldet, handelt es sich um **keinen gegenseitigen Vertrag**. Die Aufwendungsersatzpflicht des Auftraggebers nach § 670 steht nämlich nicht im Gegenseitigkeitsverhältnis zur Geschäftsbesorgung. Der Auftragsvertrag ist deshalb die Grundform für alle Verträge mit fremdnütziger Interessenwahrung.

Die Geschäftsbesorgung i.S.v. § 662 ist weit zu verstehen und umfasst jede Tätigkeit für den Auftraggeber, also sowohl **rechtsgeschäftliches, geschäftsähnliches** als auch **rein tatsächliches Handeln**.

Beispiele: Kunstkenner K ersteigert im Auftrag seines Freundes F auf einer Auktion ein Bild. Jurastudentin J mahnt für ihren rechtlich unerfahrenen Bekannten einen von dessen Schuldnern. Nachbar N führt den Hund des verreisten A aus.

Das Erfordernis der **Unentgeltlichkeit** des Auftrags ist **eng zu verstehen**, d.h., auch ein geringes Entgelt für die Tätigkeit führt zur Entgeltlichkeit und damit in den Bereich des Geschäftsbesorgungs-, Makler-, Dienst- oder Werkvertrags.

2. Aufwendungsersatz

a) Der Auftraggeber hat dem Beauftragten gemäß § 670 die **zum Zwecke der Ausführung** des Auftrags gemachten Aufwendungen, die dieser den Umständen nach für **erforderlich** halten durfte, zu ersetzen. Entscheidend ist dabei eine objektive Betrachtung aus der **Sicht eines sorgfältigen Beauftragten** in gleicher Lage. Für die Frage der Erforderlichkeit ist auf das Interesse des Auftraggebers im Zeitpunkt, zu dem der Beauftragte die Aufwendung tätigt, abzustellen. Auf den Erfolg der Tätigkeit kommt es damit für den Anspruch nicht an, sodass auch objektiv sinnlose Aufwendungen zu ersetzen sind, wenn der Beauftragte sie im Zeitpunkt der Aufwendung aufgrund sorgfältiger, den Umständen nach gebotener Prüfung für erforderlich halten durfte.

b) Aus der Unentgeltlichkeit des Auftrags folgt, dass die eigene **Arbeitskraft und** der **gewöhnliche Verschleiß** von Gegenständen des Beauftragten, die genutzt werden, um den Auftrag auszuführen, **keine** gemäß § 670 **ersatzfähigen Aufwendungen** sind, denn der Aufwendungsersatz soll nicht zu einer Tätigkeitsvergütung für den Beauftragten führen. An der fehlenden Ersatzfähigkeit ändert sich – anders als im Rahmen der GoA (dazu unten S. 42) – auch nichts, wenn die Geschäftsbesorgung zum Beruf oder Gewerbe des Beauftragten gehört.

Kein Aufwendungsersatz für die eigene Arbeitskraft, auch wenn Geschäftsbesorgung zum Beruf oder Gewerbe gehört.

c) Schäden sind unfreiwillige Vermögensopfer und damit gerade keine Aufwendungen. Beruhen die Schäden auf einem Verschulden des Auftraggebers, so sind sie nach §§ 280 ff. zu ersetzen. Handelt es sich um Zufallsschäden, die der Beauftragte aus den mit der Besorgung des Geschäfts verbundenen Gefahren erlitten hat **(risikotypische Schäden)**, so besteht im Ergebnis Übereinstimmung, dass auch diese zu ersetzen sind. Umstritten ist nur die dogmatische Begründung.

- Zum Teil wird der Grundsatz der schadensgeneigten Risikozurechnung bei Tätigkeit im fremden Interesse angewendet, der in **§ 110 Abs. 1 HGB** zum Ausdruck kommt.

- Dieser Grundsatz wird jedoch für zu allgemein und zu unbestimmt gehalten, um die Risikoverteilung zwischen Auftraggeber und Beauftragtem zu beurteilen. Die Rspr. und ein Teil der Lit. wenden deshalb entweder **§ 670 direkt oder analog** an. Zwar hat der Beauftragte den Schaden nicht freiwillig übernommen, da er selbst bei erkannter Gefahr auf einen schadensfreien Ablauf gehofft haben wird, sodass eine direkte Anwendung des § 670 ausscheidet. Es entspricht aber der Billigkeit, dem fremdnützig unentgeltlich Tätigen nicht auch noch das tätigkeitsspezifische Risiko aufzuerlegen. Hierfür spricht auch der in §§ 667, 670 enthaltene Rechtsgedanke, dass der Beauftragte durch die Ausführung des Auftrags weder gewinnen noch verlieren soll.

Nicht ersatzfähig sind dagegen gefahruntypische Schäden oder solche, die nur eine **Realisierung des allgemeinen Lebensrisikos** anlässlich der Geschäftsbesorgung darstellen.

Große Bedeutung hat die Vorschrift des § 670 auch dadurch, dass **zahlreiche Vorschriften** auf sie **verweisen**.

- § 27 Abs. 3: Geschäftsführung des Vorstands beim Verein

- § 675: Geschäftsführer beim Geschäftsbesorgungsvertrag

- § 675 c: Zahlungsdienstleister (Bank) gegen den Kunden

- § 683: Geschäftsführer bei berechtigter GoA

- § 713: geschäftsführender Gesellschafter

- § 994 Abs. 2: unberechtigter Besitzer

- § 1835: Vormund

C. Vertragsähnliche Ansprüche

Vertragsähnliche Aufwendungsersatzansprüche können sich insbesondere aus dem Recht der **GoA** (vgl. dazu bereits oben S. 4 ff.) ergeben. Klausurrelevant ist dabei vor allem der Anspruch des Geschäftsführers einer echten berechtigten GoA aus **§§ 677, 683 S. 1, 670**.

I. Anwendbarkeit

Der Anspruch aus §§ 677, 683 S. 1, 670 ist nicht anwendbar, wenn der Handelnde nach **Spezialgesetzen** (z.B. § 970, §§ 994 ff., § 1648, § 1835) einen Anspruch auf Aufwendungsersatz hat. Sind keine Spezialgesetze einschlägig, so kann der Geschäftsführer gemäß den §§ 683 S. 1, 670 „wie ein Beauftragter" vom Geschäftsherrn die erforderlichen Aufwendungen ersetzt verlangen.

II. Echte berechtigte GoA

Dazu müssen die **Voraussetzungen** einer echten berechtigten GoA **gemäß § 677 und § 683** vorliegen, also eine Geschäftsbesorgung für einen anderen ohne Auftrag und ohne sonstige Berechtigung gegeben sein, die zudem interessen- und willensgemäß erfolgte (dazu oben S. 5 ff.).

III. Aufwendungsersatz

Aufgrund des Verweises in § 683 S. 1 kann der Geschäftsführer vom Geschäftsherrn gemäß **§ 670** den Ersatz seiner erforderlichen Aufwendungen verlangen. Erforderlich sind vermögensrechtliche Maßnahmen, die der Geschäftsführer nach den Umständen des Einzelfalles für erforderlich **halten durfte**. Entscheidend ist die **objektive Betrachtung** aus der Sicht eines sorgfältigen Beauftragten in gleicher Lage.

Analog § 1835 Abs. 3 sind Tätigkeitsvergütung und auch risikotypische Begleitschäden ersatzfähig.

Sofern die **Tätigkeit** im Rahmen der GoA zum Beruf oder Gewerbe des Geschäftsführers gehört, ist die Tätigkeit **entsprechend § 1835 Abs. 3** zu vergüten. Anders als beim Auftrag fehlt es nämlich bei der GoA an einer Vereinbarung über die Unentgeltlichkeit der Geschäftsbesorgung.

Nach h.M. umfasst der Aufwendungsbegriff der GoA auch die **risikotypischen Schäden**, weil der Geschäftsführer das mit der Geschäftsführung verbundene Schadensrisiko **freiwillig** auf sich genommen hat. Dafür spricht ferner der Rechtsgedanke des § 110 Abs. 1 HGB. Da es sich insoweit um einen Schadensersatzanspruch handelt, ist entsprechend **§ 254** ein etwaiges **Mitverschulden des Geschäftsführers** anspruchsmindernd zu berücksichtigen.

Dabei muss aber ggf. wiederum die **Wertung des § 680** Berücksichtigung finden. Nach dieser Vorschrift hat der Geschäftsführer nur Vorsatz und grobe Fahrlässigkeit zu vertreten, wenn die Geschäftsführung die Abwendung einer dem Geschäftsherrn drohenden dringenden Gefahr bezweckt. **§ 680** gilt direkt für die Haftung des Geschäftsführers gegenüber dem Geschäftsherrn, begrenzt darüber hinaus jedoch auch das Risiko eigener Verluste, sodass ein **Mitverschulden** des Geschäftsführers **nur bei Vorsatz und grober Fahrlässigkeit** zur Anspruchskürzung führt.

D. Sachenrechtliche Ansprüche

Vgl. zu dieser und den übrigen umstrittenen **Sonderformen des EBV-Besitzers** AS-Skript Sachenrecht 1 [2018], Rn. 520 ff. u. 610.

Nach der Rspr. muss beim Verwendungsersatz (zum Begriff s. bereits oben S. 38 f.) ausnahmsweise das **EBV nicht im Zeitpunkt der Tatbestandserfüllung** (also der Verwendungen) vorliegen. Jedenfalls wenn das zugrundeliegende Rechtsverhältnis die Haftungsfragen nicht regelt, genügt es, wenn das Besitzrecht zwischen Verwendungsvornahme und Herausgabeverlangen entfällt **(„Nicht-mehr-berechtigter-Besitzer")**. Dieser Besitzer dürfe nicht schlechter stehen als ein solcher, der von vornherein kein Besitzrecht habe. Die h. Lit. wendet hingegen das Bereicherungsrecht an.

Beispiel: K erwirbt von V einen Pkw unter Eigentumsvorbehalt und lässt ihn bei W reparieren. Danach tritt V vom Kaufvertrag zurück. Das Besitzrecht des W, welches er von K ableitet, gegenüber V erlischt hier mit dem Rücktritt, also nach den Verwendungen.

Falls der Besitzer keinen Verwendungsersatz verlangen kann, so bleibt ihm die Möglichkeit, nach Maßgabe des § 997 sein **Wegnahmerecht** auszuüben.

I. Anspruch des redlichen Besitzers auf Ersatz notwendiger Verwendungen, § 994 Abs. 1

Der redliche Besitzer erhält seine notwendigen Verwendungen ersetzt.

Notwendig sind Verwendungen, die bei vernünftiger, wirtschaftlicher Betrachtungsweise – also objektiv – erforderlich sind, um die Sache in ihrem wirtschaftlichen Bestand einschließlich ihrer Nutzungsmöglichkeit zu sichern. Auch der Eigentümer hätte diese Maßnahmen zum Erhalt der Sache treffen müssen, hätte er diese im Besitz behalten. Ersatzfähig sind grundsätzlich auch die **gewöhnlichen Lasten** sowie die **gewöhnlichen Erhaltungskosten**. Das sind die zur Erhaltung der Sache erforderlichen, regelmäßig wiederkehrenden Ausgaben. Gemäß § 994 Abs. 1 S. 2 sind dem Besitzer jedoch die gewöhnlichen Erhaltungskosten und gemäß § 995 S. 2 die gewöhnlichen Lasten für die Zeit, für welche ihm die Nutzung verbleibt, nicht zu ersetzen. Der **gutgläubige** und **unverklagte** Besitzer kann in aller Regel die gewöhnlichen Erhaltungskosten und Lasten daher **nicht** ersetzt verlangen, da er nicht verpflichtet ist, die Nutzungen herauszugeben. Etwas anderes gilt nur, wenn er (ausnahmsweise) die Nutzungen herausgeben muss, wie z.B. bei unentgeltlichem Besitzerwerb (§ 988).

II. Anspruch des bösgläubigen oder verklagten Besitzers auf Ersatz notwendiger Verwendungen, § 994 Abs. 2

§ 994 Abs. 2 verweist für Verwendungsersatzansprüche des bösgläubigen oder verklagten Besitzers auf die **GoA**. Dabei handelt es sich um eine **partielle Rechtsgrundverweisung**: Die Voraussetzungen der GoA müssen prinzipiell vorliegen, bis auf den Fremdgeschäftsführungswillen, da ansonsten die Verweisung praktisch kaum zu einem Anspruch führen würde.

Der Bösgläubige oder Verklagte

- erhält daher gemäß § 994 Abs. 2 **nur** die **notwendigen** Verwendungen nach den Regeln der **GoA** (§§ 677, 683 S. 1, 670) ersetzt, wenn sie dem **objektiven Interesse** (wegen der Notwendigkeit oft der Fall) und dem tatsächlichen oder mutmaßlichen **Willen des Eigentümers** entsprechen und

- kann **anderenfalls** gemäß §§ 994 Abs. 2, 684 nach den Regeln des **Bereicherungsrechts** (Rechtsfolgenverweis) Ersatz verlangen, was insbesondere an einer Entreicherung (§ 818 Abs. 3) des Eigentümers scheitern kann.

III. Anspruch des redlichen Besitzers auf Ersatz nützlicher Verwendungen, § 996

Verwendungen, die nur nützlich, aber nicht notwendig sind, erhält allenfalls der redliche Besitzer ersetzt.

Nützlich sind alle Verwendungen, die den Wert der Sache im Zeitpunkt der Anspruchserhebung noch steigern und/oder die Gebrauchsfähigkeit erhöhen. Es sind also nicht die tatsächlichen Kosten der vermögenswerten Maßnahme entscheidend, sondern die tatsächliche, noch vorhandene **eingetretene Wertsteigerung**, die für den Eigentümer **nützlich** ist.

Nach einer Ansicht wird darauf abgestellt, inwieweit die Verwendung gerade für den Eigentümer – subjektiv – vorteilhaft ist. Nach wohl h.M. ist jedoch der – **objektive** – Verkehrswert entscheidend. Beim Verwendungsersatzanspruch müsse insbesondere das Entschädigungsinteresse des Besitzers beachtet werden. Der Eigentümer sei bei einem gutgläubigen und unverklagten Besitzer nicht einmal vor einer Zerstörung der Sache geschützt. Außerdem stelle § 994 Abs. 2 durch den Verweis auf die GoA auch auf den subjektiven Willen des Eigentümers ab. Im Umkehrschluss könne es bei § 996 deshalb nur auf den objektiven Wert ankommen.

Nicht ersatzfähig sind jedoch sog. **Luxusverwendungen**. Bei Luxusverwendungen handelt es sich im Regelfall um reine Verschönerungsmaßnahmen

Gewöhnliche Erhaltungskosten sind z.B.

- bei **Fahrzeugen:** Inspektion, Ölwechsel, Reifenerneuerung;

- bei **Tieren:** die Fütterungskosten, die Kosten für die Stallung;

- bei **Maschinen:** die Kosten für besonders beanspruchte Ersatzteile, regelmäßig wiederkehrende Reinigungskosten.

Der **Gedanke des § 994 Abs. 1 S. 2** ist: Wenn dem Besitzer der Gebrauchsvorteil der Sache verbleibt (z.B. Fahrt mit Pkw), dann muss er die gewöhnlichen Kosten der Benutzung (z.B. Tanken) selbst tragen, denn sonst stünde er besser, als wenn er tatsächlich ein Recht zum Besitz gehabt hätte.

Der bösgläubige oder verklagte Besitzer erhält allerdings regelmäßig auch die **gewöhnlichen Erhaltungskosten und Lasten** ersetzt, da ihm die Nutzungen der Sache gerade nicht verbleiben (§§ 987, 990).

Aufbauschema:
Ansprüche aus § 994 bzw. § 996

I. **EBV im Zeitpunkt der Nutzungsziehung** (oder bis zum Herausgabeverlangen, str.)

II. **Verwendungen**

III. **Differenzierung:**

- Notwendig/redlich: (+), § 994 Abs. 1

- Notwendig/verklagt bzw. bösgläubig: nach Maßgabe der §§ 994 Abs. 2, 683, 684

- Nützlich/redlich: (+), wenn noch wersteigernd und kein Luxus, § 996 bzw. Anbringung von Prestigeobjekten. Bezüglich dieser Verwendungen kann nur u.U. gemäß § 997 Abs. 1 ein Wegnahmerecht bestehen.

IV. Konkurrenz der §§ 994 ff. zu §§ 951, 812 bei Umgestaltungsaufwendungen

Nach dem **engen Verwendungsbegriff** der Rspr. sind Verwendungen alle Maßnahmen, die darauf abzielen, den Bestand der Sache zu erhalten, wieder herzustellen oder zu verbessern, **ohne die Sache dabei grundlegend zu verändern oder umzugestalten**. Nach der Rspr. erhält der Besitzer Umgestaltungsaufwendungen nach den §§ 994 ff. also gar nicht ersetzt.

In der Lit. wird demgegenüber die Auffassung vertreten, dass **alle Vermögensaufwendungen, die der Sache zugute kommen**, Verwendungen i.S.d. §§ 994 ff. sind, auch dann, wenn die Sache grundlegend verändert oder umgestaltet wird **(weiter Verwendungsbegriff)**. Danach kann der redliche Besitzer Ersatz nach § 996 verlangen, nicht jedoch der verklagte oder bösgläubige Besitzer, da es sich bei Umgestaltungsaufwendungen nie um notwendige Verwendungen i.S.d. § 994 handeln kann.

Soweit der Besitzer seine Umgestaltungsaufwendungen nach h.Lit. nicht schon nach §§ 994 ff. verlangen kann, stellt sich die Frage, ob ein **Bereicherungsanspruch aus §§ 951, 812 bzw. § 812 direkt** in Betracht kommt:

- Nach der **Rspr. und Teilen der Lit.** enthalten die **§§ 994 ff. eine abschließende Sonderregelung** bezüglich der Verwendungsersatzansprüche des unrechtmäßigen Besitzers gegenüber dem Eigentümer. Durch eine ergänzende Anwendung der §§ 812 ff. würde das differenzierte Haftungssystem der §§ 994 ff. unterlaufen. Während der Besitzer nach Bereicherungsrecht auch bei grob fahrlässiger Verkennung seines Besitzrechts Wertersatz verlangen könne, komme in diesem Fall nach § 994 Abs. 2 nur ein Ersatz für notwendige Verwendungen in Betracht.

- Ein **Teil der Lit.** geht hingegen davon aus, dass **neben den §§ 994 ff. jedenfalls §§ 951, 812 anwendbar** sind. Es sei nicht gerechtfertigt, den unrechtmäßigen Besitzer, der Verwendungen tätige, schlechter zu stellen als den nicht besitzenden Verwender. Ferner sei es unbillig, wenn der Eigentümer zumindest auch dann vor Kondiktionsansprüchen verschont bleibe, wenn er sich die Wertsteigerung durch Veräußerung der Sache einverleibe.

E. Bereicherungsrechtliche Ansprüche

Wenn jemand eine fremde Sache instand setzt, verbessert, umgestaltet oder ein sonstiges Vermögensopfer erbringt, das der Sache irgendwie zugute kommt, muss der Eigentümer der Sache den dadurch erlangten Vermögensvorteil nach der sog. **Verwendungskondiktion** ausgleichen. Dabei handelt es sich um einen Unterfall der allgemeinen Nichtleistungskondiktion aus § 812 Abs. 1 S. 1 Alt. 2 (vgl. dazu oben S. 22 f.).

Der Verwendungsersatzanspruch gemäß § 812 Abs. 1 S. 1 Alt. 2 greift i.d.R. dann ein, wenn im Rahmen eines zeitgebundenen Vertrags Verwendungen gemacht werden, der Vertrag aber vorzeitig rückabzuwickeln ist.

Beispiel: Eine für 10 Jahre verpachtete Gaststätte wird zu Beginn der Pacht aufwendig vom Pächter renoviert. Wenig später erkrankt der Pächter plötzlich und der Pachtvertrag muss vorzeitig aufgelöst werden.